그림으로 배우는

배터리
Battery

저 나카무라 노부코
역 김성훈

SE
SHOEISHA

YoungJin.com Y.
영진닷컴

그림으로 배우는
배터리

図解まるわかり 電池のしくみ

(Zukai Maruwakari Denchi no Shikumi:7857-8)

© 2023 Nobuko Nakamura

Original Japanese edition published by SHOEISHA Co.,Ltd.

Korean translation rights arranged with SHOEISHA Co.,Ltd.

in care of JAPAN UNI AGENCY, INC. through Korea Copyright Center Inc.

Korean translation copyright © 2025 by Youngjin.com, Inc.

ISBN 978-89-314-7880-8

독자님의 의견을 받습니다

이 책을 구입한 독자님은 영진닷컴의 가장 중요한 비평가이자 조언가입니다. 저희 책의 장점과 문제점이 무엇인지, 어떤 책이 출판되기를 바라는지, 책을 더욱 알차게 꾸밀 수 있는 아이디어가 있으면 이메일, 또 는 우편으로 연락주시기 바랍니다. 의견을 주실 때에는 책 제목 및 독자님의 성함과 연락처(전화번호나 이메일)를 꼭 남겨 주시기 바랍니다. 독자님의 의견에 대해 바로 답변을 드리고, 또 독자님의 의견을 다음 책에 충분히 반영하도록 늘 노력하겠습니다.

주 소 (우)08512 서울특별시 금천구 디지털로9길 32 갑을그레이트밸리 B동 1001호

등 록 2007. 4. 27. 제16-4189호

이메일 support@youngjin.com

저자 나카무라 노부코 | **번역** 김성훈 | **총괄** 김태경 | **진행** 최윤정

표지 디자인 김효정 | **내지 디자인 · 편집** 이경숙 | **영업** 박준용, 임용수, 김도현, 이윤철

마케팅 이승희, 김근주, 조민영, 김민지, 김진희, 이현아 | **제작** 황장협 | **인쇄** 예림

들어가는 말

어린 시절, 건전지로 움직이던 장난감은 금세 방전되기 일쑤였습니다. 그러다가 점차 '오래가는' 전지가 속속 출시되기 시작했고, 워크맨이 등장하고부터는 반복해서 충전할 수 있는 전지도 주변에서 흔히 볼 수 있게 됐습니다. 어느새 우리는 다양한 종류의 전지에 둘러싸이게 됐습니다.

하지만, 그 당시의 건전지에는 수은, 충전식 전지에는 카드뮴이라는 유독성 금속이 사용됐습니다. 그래서 편리함과 환경 오염을 맞바꾸고 있는 게 아닐까 하는 의구심이 들기도 했지요. 그런데 어느 순간 '수은 제로' 건전지와 카드뮴을 사용하지 않는 새로운 충전식 전지가 연이어 출시됐습니다. 이 전지들은 최초로 일본 제조업체가 상품화에 성공한 것으로, 그제서야 '기술 혁신을 통해 편리함과 환경이 양립할 수 있다'는 것을 알게 됐습니다.

현재 우리에게 가장 친숙한 전지라고 하면, 이제는 생활 필수품이 된 스마트폰에 사용되는 리튬이온전지라고 할 수 있습니다. 리튬이온전지의 개발로 요시노 아키라 박사가 2019년 노벨 화학상을 수상한 일은 지금도 감회가 새롭습니다. 노벨상을 수상하게 된 이유는 두 가지로, '스마트폰과 PC를 비롯한 IT 사회 발전에 공헌한 점'과 '환경 문제 해결 가능성' 때문입니다. '기술 혁신으로 편리함과 환경이 양립할 수 있게 한 점'을 높이 평가받은 것이죠.

매일 같이 리튬이온전지에 관한 뉴스 보도가 쏟아지지만, 대부분 리튬이온전지를 비롯해 전지의 내부 구조나 작동 원리에 관해 모릅니다. 그러므로 이 책에서는 우선 전지의 종류를 소개한 후, 전지 개발의 역사를 되짚어 가며 다양한 전지의 특징과 작동 원리를 설명할 것입니다. 또한 화학 공식을 잘 몰라도 이해할 수 있도록 전문 지식을 최대한 친절하게 전달하고자 노력했습니다.

리튬이온전지는 이미 21세기의 석유라고 할 수 있습니다. 리튬이온전지가 탄생하기까지 수많은 전지가 있었고, 연구자나 기술자들의 전투와 같은 치열한 연구 개발의 날들이 있었습니다. 다양한 전지의 종류와 함께 그 역사를 이해하면 나아가야 할 미래가 보일 것입니다.

나카무라 노부코

역자의 말

스마트폰부터 전기차, 그리고 미래의 친환경 에너지 시스템에 이르기까지, 전지는 현대 문명의 핵심 동력이 되었습니다. 전지에 대한 관심이 그 어느 때보다 높아지면서, 전지는 이제 단순한 에너지 저장 장치를 넘어 기후 변화 대응과 지속 가능한 발전을 떠받치는 핵심 기술이라고 할 수 있습니다. 앞으로도 탄소 중립을 향한 여정에서 전지의 역할은 더욱 중요해질 것입니다.

이 책은 현대 문명을 이끄는 전지의 기본 원리와 종류를 역사적 발전 과정을 따라 소개하고 있습니다. 다양한 전지의 구조와 작동 원리를 역사적 맥락에서 이해하면, 새로 등장하는 전지들이 가지는 의미를 깊이 통찰할 수 있습니다. 또한 전지의 기본 원리를 배우는 것을 넘어, 전지가 인류와 미래의 환경에 어떤 영향을 미칠 수 있는지 생각해 보는 것도 뜻깊은 일일 것입니다.

전지에서 전기가 만들어지는 원리를 독자들이 쉽게 이해할 수 있도록 설명하고 있다는 점은 주목할 만한데, 그림을 이용한 쉬운 설명은 전문 지식이 없는 독자들도 어느 정도 이해할 수 있도록 구성되어 있습니다.

특히, 각 장 말미에 포함된 실험과 활동은 전지의 원리를 체험적으로 학습할 기회를 제공하며, 호기심을 자극합니다. 저도 인터넷에서 판매하는 과일전지 실험 세트를 구입해서 도전해 봤습니다. 간단한 실험이지만, 실제로 동작하는 것을 보니 확실히 설명만 읽는 것보다 생생하게 기억에 남았습니다.

이 책을 번역하면서, 전지의 진화 과정과 혁신을 새삼 실감할 수 있었습니다. 이 책을 통해 독자 여러분이 전지의 현재와 미래를 이해하는 데 도움이 되길 바랍니다. 끝으로, 번역 작업을 맡겨 주신 영진닷컴과 번역 원고를 매끄럽게 다듬어 주신 편집자님께 깊이 감사드립니다.

옮긴이 **김성훈**

Ch 1 전지의 기초

Ch 3 　반복해서 사용할 수 있는 전지

사회를 지탱하는 이차전지(축전지)

Ch 5 깨끗하고 안전한 발전 장치가 되는 전지

차세대 에너지 문제를 지탱하는 연료전지 　　　　　　　　　　173

Ch 6 빛과 열을 전기에너지로 바꾼다
화학 반응 없이 전기로 변환하는 물리전지　　　　　　197

Ch 7 전지를 둘러싼 세계

변화의 한가운데에 있는 전력에너지　　　　　　　　　　　　　　　　　217

전지의 기초

에너지를 전기로 바꾸는 원리

Battery

» 현대 사회를 지탱하는 전지

전지 수요가 폭발하기 시작했다

전 세계적으로 전지 생산이 활발해지고 있습니다. 일본이나 유럽, 미국, 중국 등 각지에서 전지 생산 능력 강화를 위한 신공장 건설이 잇따르고 있고 민관합동으로 전지 산업에 대한 선행 투자가 본격화되고 있습니다(그림 1-1). 동시에 전지의 원재료인 희소금속에 대한 쟁탈전도 치열해지기 시작했습니다.

이처럼 전 세계가 혈안이 되어 만들고 있는 전지는 전기자동차에 탑재하는 축전지인 **리튬이온전지**입니다. 이 리튬이온전지는 사실 스마트폰에 들어가는 전지와 같은 종류이며 이와 관련해 2019년에 노벨상을 수상하기도 했습니다.

우리 주변은 전지로 넘쳐난다!

최근 화제가 되고 있는 전기자동차나 생활 필수품으로 자리 잡은 스마트폰에 사용되는 전지 이외에도 **전지는 우리 생활에 없어서는 안 될 존재**입니다. 노트북이나 디지털 카메라에는 충전해서 여러 번 쓸 수 있는 충전식 전지가 들어가며, TV나 에어컨의 리모컨이나 장난감, 손전등 등에는 다 쓰면 사용할 수 없는 일회용 전지가 들어가는 경우가 많습니다(그림 1-2).

전지는 재난이나 비상 상황이 발생했을 때 크게 활약합니다. 비상등, 유도등, 화재경보기 등에 전지가 사용되며 24시간 쉬지 않고 안전을 지켜 줍니다. 또한, 병원이나 공장 등에서 정전 시 비상 전원으로 사용되는 특수한 전지도 있습니다. 주택이나 건물 지붕에 설치된 태양광 패널도, 절전 효과로 전기 요금을 절약할 수 있다고 광고하는 에너팜(가정용 연료전지)도 전지입니다.

가장 유명한 전지는?

전지에는 많은 종류가 있고 그 용도도 매우 다양합니다. 그 중에서도 사람들이 '전지'라고 하면 가장 먼저 떠올리는 것이 **건전지**일 것입니다. 건전지야말로 가장 오래전부터 보급됐고 또 가장 유명한 전지라고 할 수 있습니다.

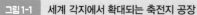

그림1-1 세계 각지에서 확대되는 축전지 공장

세계 각지에서 축전지
양산화에 **본격 참여**

그림1-2 우리 주변에 사용되는 전지들

포터블
음악 플레이어

리튬
이온전지

스마트폰

리튬
이온전지

리튬
이온전지

노트북 컴퓨터

태양전지

태양광 패널

가정용 연료전지

연료전지

병원

공장

연료전지

리튬
이온전지

화재경보기

리튬 일차전지

유도등

니켈-수소전지

장난감

건전지

리모컨

건전지

시계

무선전화

니켈-
수소전지

Point

✔ 전 세계에서 축전지 생산이 활발히 이루어지고 있으며, 이 축전지는 스마트폰에 사
용되는 것과 같은 리튬이온전지다.

✔ 일상생활에서 많이 사용하는 전지에는 충전해서 여러 번 사용할 수 있는 것과 다
쓰고 나면 더 이상 사용할 수 없는 것이 있다.

✔ 지붕에 설치된 태양광 패널과 정전 시 사용하는 비상 전원도 전지다.

≫ 전기 생성 원리로 분류하는 전지

전지를 전기 생성 원리로 분류한다 //////////////////////////////////////

일상 생활에서 흔히 접할 수 있는 전지의 종류는 매우 다양합니다. 이 전지들을 분류
함으로써 전지의 개성이나 역할을 이해할 수 있습니다.

우선, 전지를 전기 생성 원리로 분류해 보면, 화학 반응으로 전기를 만드는 **화학전지**
와 빛이나 열 등 물리 에너지로 전기를 만드는 **물리전지**, 그리고 생물의 기능을 이용
한 **생물전지**로 나눌 수 있습니다(그림 1-3).

화학 반응으로 전기를 만든다 //////////////////////////////////////

화학 반응이란 어떤 물질이 다른 물질로 변화하는 반응을 말하며, 우리에게 친숙한
건전지나 스마트폰 배터리 등 많은 전지가 화학전지에 해당합니다.

화학전지를 다시 분류하면 방전되면 재사용할 수 없는 일차전지, 충전하면 몇 번이
고 사용할 수 있는 이차전지, 화학 반응을 일으키는 물질(연료)을 공급하면 전기를
만들 수 있는 연료전지로 나눌 수 있습니다. 즉, **화학전지는 일회용인지, 반복해서
사용할 수 있는지에 따라 분류**할 수 있습니다.

빛이나 열, 생물의 작용으로도 전기를 만들 수 있다 //////////////////////////

물리에너지는 빛이나 열과 같은 에너지를 말합니다. 빛에너지를 받아서 전기를 만드
는 태양전지, 열에너지로 전기를 만드는 열기전력전지(열전지), 원자력에너지로 전
기를 만드는 원자력전지가 물리전지에 해당합니다. 이처럼 **물리전지는 어떤 물리에
너지로 전기를 만드는지에 따라 분류**됩니다.

그 밖에 **효소나 엽록소 등의 생체 촉매나 미생물의 산화환원반응을 이용해서 전기를
만드는 생물전지**(바이오 연료전지)도 있습니다.

일반적으로 화학전지를 전지라고 부르고, 물리전지와 생물전지를 통칭하여 특수전
지라고 부르기도 합니다.

그림 1-3 전지의 분류

Chapter
1

전지의 기초

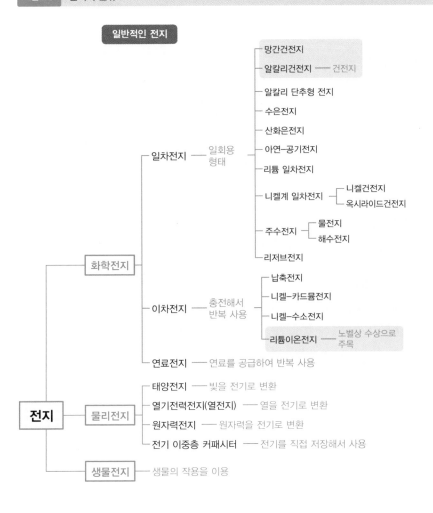

일반적인 전지

- 전지
  - 화학전지
    - 일차전지 — 일회용 형태
      - 망간건전지
      - 알칼리건전지 —— 건전지
      - 알칼리 단추형 전지
      - 수은전지
      - 산화은전지
      - 아연–공기전지
      - 리튬 일차전지
      - 니켈계 일차전지 ┬ 니켈건전지
                    └ 옥시라이드건전지
      - 주수전지 ┬ 물전지
              └ 해수전지
      - 리저브전지
    - 이차전지 — 충전해서 반복 사용
      - 납축전지
      - 니켈–카드뮴전지
      - 니켈–수소전지
      - 리튬이온전지 —— 노벨상 수상으로 주목
    - 연료전지 —— 연료를 공급하여 반복 사용
  - 물리전지
    - 태양전지 —— 빛을 전기로 변환
    - 열기전력전지(열전지) —— 열을 전기로 변환
    - 원자력전지 —— 원자력을 전기로 변환
    - 전기 이중층 커패시터 —— 전기를 직접 저장해서 사용
  - 생물전지 —— 생물의 작용을 이용

Point

✔ 전지는 원리에 따라 화학 반응으로 전기를 만드는 화학전지, 빛이나 열과 같은 물리 에너지에서 나오는 물리전지, 생물의 작용을 이용한 생물전지로 구분할 수 있다.

✔ 화학전지는 재사용할 수 없는 일차전지와 재사용할 수 있는 이차전지 및 연료전지 로 구분할 수 있다.

✔ 일반적으로 전지라고 하면 화학전지를 의미하며, 물리전지와 생물전지를 특수전지 라고도 한다.

>> 일차전지 분류하기

우리에게 친숙한 건전지

건전지라고 하면 TV 리모컨이나 장난감에 사용되는 원통형 건전지가 가장 먼저 떠오를 것입니다. 건전지에는 망간건전지, 알칼리건전지 등 많은 종류가 있습니다. 이런 건전지는 화학전지 중에서도 일회용 일차전지로 분류되며, 일차전지는 또 다른 관점에서 그림 1-4와 같이 분류할 수 있습니다.

건전지와 습전지

건전지는 액체가 적은 '마른 전지'라는 뜻입니다. 건전지가 등장하기 전에는 **전지 내부에 전해액(전해질 용액)이라는 액체**가 들어 있었는데, 이 전해액이 넘치거나 새어 나와 휴대가 불편했습니다. 이 **액체를 젤 상태로 만들어 고체에 스며들게 한 것이 건전지**이고, 거꾸로 뒤집어도 전해액이 새지 않아서 널리 보급됐습니다.

건전지와 달리 전해액을 그대로 사용하는 전지를 **습전지**라고 합니다. 습전지는 사용 방법, 운반 방법에 제한이 많아 현재는 생산이 점차 줄어들고 있습니다.

음극재에 의한 일차전지 분류

일차전지는 음극재로 무엇을 사용하느냐에 따라 **아연계와 리튬계**로 나눌 수 있습니다(그림1-5).

아연계에는 망간건전지, 알칼리건전지, 산화은전지 등이 있고, 리튬계에는 리튬일차전지가 있습니다.

그 밖에 마그네슘이나 알루미늄을 음극으로 사용한 마그네슘-공기전지, 알루미늄-공기전지도 등장했습니다. 이들은 용량을 크게 늘릴 수 있어 차세대 전지로 기대를 모으고 있습니다.

그림1-4 전해질에 따른 일차전지 분류

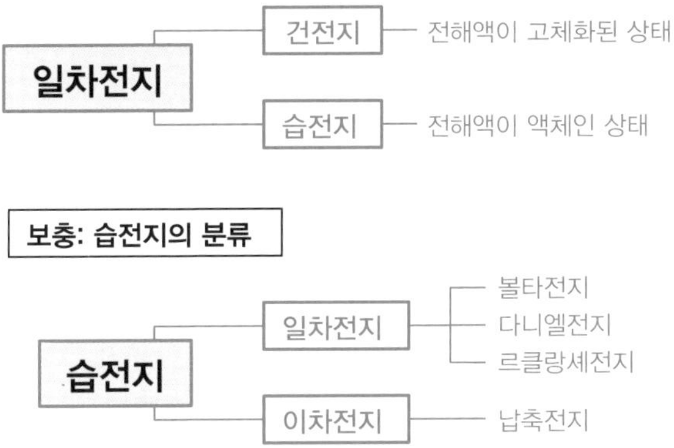

일차전지 ── 건전지 ── 전해액이 고체화된 상태
　　　　 └─ 습전지 ── 전해액이 액체인 상태

보충: 습전지의 분류

습전지 ── 일차전지 ── 볼타전지
　　　　　　　　　 ├─ 다니엘전지
　　　　　　　　　 └─ 르클랑셰전지
　　　　 └─ 이차전지 ── 납축전지

※이차전지인 납축전지는 습전지로서 현재도 사용된다.

그림1-5 음극 전극에 따른 일차전지 분류

일차전지 ── 아연계 ── 음극에 아연 ── 망간건전지
　　　　　　　　　　　　　　　 ├─ 알칼리건전지
　　　　　　　　　　　　　　　 ├─ 산화은전지
　　　　　　　　　　　　　　　 ├─ 니켈계 일차전지
　　　　　　　　　　　　　　　 └─ 아연-공기전지
　　　　 ├─ 리튬계 ── 음극에 리튬 ── 리튬 일차전지
　　　　 └─ 기타 ── 음극에 마그네슘 ── 마그네슘-공기전지
　　　　　　　　　 └─ 음극에 알루미늄 ── 알루미늄-공기전지

Point

✔ 건전지는 '마른 전지'라는 뜻으로, 기존에 사용하던 액체를 젤 상태로 만들어 고체에 스며들게 한 것이다.

✔ 습전지는 휴대가 불편하다는 단점이 있고, 건전지의 보급으로 점차 줄어들고 있다.

✔ 일차전지는 음극에 사용되는 금속 재료에 따라 아연계, 리튬계 등으로 분류할 수 있다.

≫ 형태에 따라 분류하는 전지

일상 생활에서 사용되는 동근 형태의 전지

같은 화학전지라도 용도에 따라 다양한 형태의 전지가 만들어집니다. 우리 주변에서 많이 사용되는 건전지는 **원통형**이고, 크기에 따라 D, C, AA, AAA, N형으로 분류할 수 있습니다(그림 1-6).

시계, 보청기, 전자 게임기 등 소형 기기에 많이 사용되는 전지는 **단추형**입니다. 지름보다 높이가 낮은 **원형** 전지로, 단추형 중에서도 특히 동전처럼 얇은 모양의 전지를 **동전형**으로 구분하기도 합니다.

보청기나 무선 이어폰 등에는 더 작은 **핀형** 전지가 사용됩니다. 핀형 전지는 지름이 3~5mm, 높이가 2~4mm 정도로 상당히 소형화되어 있습니다.

원통형, 단추형, 동전형, 핀형은 모두 둥근 형태로 되어 있으므로 기호 R로 표시합니다.

조금 특수한 용도의 평평한 전지

건전지에는 원통형보다 크기가 큰 직사각형 형태의 **각형**과 **평형** 전지가 있습니다(그림 1-7).

각형 전지 중에는 006P형이라는 적층형 전지가 있습니다. 이 전지는 1.5V의 건전지 6개를 직렬로 연결한 구조로 전압이 9V이며, 전기 공구나 무선 조종 자동차 등 높은 전압이 필요한 기기에 사용됩니다. 각형, 평형, 006P형은 모두 사각형 모양이고 평평하므로 기호 F로 표시합니다(그림 1-8).

그림1-6 원형 전지

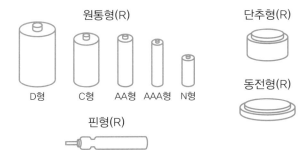

원형

원통형(R)

D형 C형 AA형 AAA형 N형

단추형(R)

동전형(R)

핀형(R)

그림1-7 각형 · 평형 전지

각형(F) 평형(F) 적층전지(006P형)

9V +

그림1-8 전지의 모양을 나타내는 기호

모양 기호		전지 모양
R	원형	원통형
		동전형
		단추형
		핀형
F	각형	
	평형	

Point

✔ 건전지는 크기에 따라 D, C, AA, AAA, N으로 분류할 수 있다.

✔ 건전지의 형태는 원형(원통형, 단추형, 동전형, 핀형)과 각형, 평형으로 구분할 수 있으며, 각각 형태를 나타내는 기호 R과 F로 표시한다.

✔ 각형 전지에는 6개의 건전지를 연결한 구조로 된 006P형이라는 고전압 적층전지가 있다.

≫ 전지의 시작과 역사

유적에서 발견된 가장 오래된 전지

1932년 독일의 고고학자 빌헬름 쾨니히Wilhelm König는 바그다드 외곽의 호야트럽퍼 유적에서 기원전 3세기에서 기원후 3세기 사이에 존재했던 파르티아 시대 유물인 토기terracotta 항아리를 발견했습니다. 항아리 내부에는 높이 10cm, 지름 2.6cm의 구리 원통이 들었고, 그 안에는 철봉이 꽂혀 있었습니다.

쾨니히는 이런 **구리 원통에 포도주가 산화되며 생기는 아세트산과 식염수를 채우고 그 안에 철봉을 넣으면 전기가 흐른다**는 것을 발견하고, '이 항아리가 전지로 사용됐다'고 논문을 발표했습니다. 이를 **바그다드전지**Baghdad Battery라고 합니다(그림 1-9). 하지만, 전기적으로 사용된 흔적을 찾지 못했고 기도문이 적힌 파피루스 종이가 발견되면서 현재는 전지가 아니라 종교적인 의미가 있는 것으로 추측하고 있습니다.

개구리 실험에서 탄생된 전지

1780년경 이탈리아의 생물학자 루이지 갈바니Luigi Galvani는 개구리를 해부할 때 다리에 구리선을 꽂아서 철봉에 매달아 놓으면 부들부들 경련이 일어나는 현상을 발견했습니다(그림 1-10). 이를 본 갈바니는 동물 몸속에는 전기가 흐른다고 생각하여 **동물 전기** 이론을 발표했습니다.

그러나 같은 이탈리아의 물리학자 알레산드로 볼타Alessandro Volta는 구리와 철이라는 다른 두 종류의 금속이 개구리 다리에 포함된 체액에 닿아 전기가 흐르고 근육을 수축시킨 것이라고 주장했습니다. 이후 볼타는 개구리 다리 대신 **소금물에 적신 종이에 두 종류의 금속을 접촉시키면 전기가 흐른다**는 사실을 발견했습니다. 이 현상을 응용해서 1794년에 볼타는 아연과 구리 사이에 소금물로 적신 스펀지 같은 물질을 끼운 것을 여러 층으로 쌓아 올린 **볼타 전퇴**Volta's Pile를 만들었습니다(그림 1-11).

이렇게 서로 다른 두 종류의 금속이 개구리 다리에 있던 체액이나 소금물에 닿으면 전기가 흐른다는 것이 증명되어 동물 전기설은 부인됐습니다. 전압을 나타내는 볼트 (V)는 볼타의 이름에서 유래됐습니다.

그림 1-9 바그다드전지의 구조

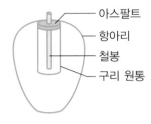

아스팔트
항아리
철봉
구리 원통

그림 1-10 갈바니의 개구리 실험

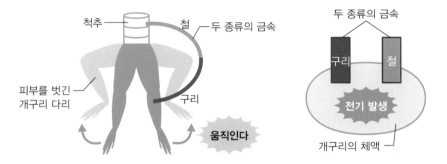

척추
철 ─ 두 종류의 금속
피부를 벗긴 개구리 다리
구리
움직인다

두 종류의 금속
구리
철
전기 발생
개구리의 체액

그림 1-11 볼타 전퇴의 원리

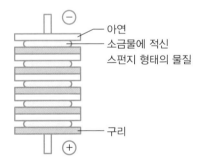

─ 아연
─ 소금물에 적신 스펀지 형태의 물질

─ 구리

Point

✔ 갈바니는 동물 몸 안에 전류가 흐른다는 '동물 전기'를 주장했지만 볼타는 이를 부정했다.

✔ 볼타는 서로 다른 두 종류의 금속을 개구리 다리의 체액이나 소금물에 접촉시키면 전기가 흐르는 것을 발견했다.

✔ 볼타는 아연과 구리 사이에 소금물에 적신 스펀지 형태의 물질을 끼운 것을 여러 층으로 쌓아 올린 볼타 전퇴를 만들어 냈다.

» 세계 최초의 화학전지 등장

세계 최초의 화학전지 - 볼타전지

볼타는 1800년 볼타 전퇴를 개량해 아연과 구리 두 종류의 금속과 묽은 황산을 사용한 **볼타전지**를 발명했습니다. 볼타전지는 볼타 전퇴와 마찬가지로 **화학 반응을 이용해 전기를 생산하며, 둘 다 세계 최초의 화학전지**로 평가됩니다.

볼타전지의 구조는 단순한데, 묽은 황산을 넣은 수조에 아연판과 구리판을 담그고 이 둘을 도선으로 연결한 것입니다(그림 1-12). 묽은 황산(H_2SO_4)은 양전하를 띤 수소이온(H^+)과 음전하를 띤 황산이온(SO_4^{2-})을 포함하며 전기를 통하게 하는 전해액(전해질 용액)이라고 합니다.

두 금속 사이에 도선을 연결하면 바로 아연판에서 금속이 용출돼 아연이온(Zn^{2+})이 되고, 아연판에는 **전자**(e^-)가 남게 됩니다. 이 전자가 쌓이면(대전) 도선을 따라 구리판으로 이동합니다. 볼타전지에서 아연판의 반응식(반반응식)은 다음과 같습니다.

$$Zn \rightarrow Zn^{2+} + 2e^- \text{ (A)}$$

전기가 흐른다는 것은?

여기서 먼저 '전기가 흐른다'는 것이 어떤 의미인지 확인해 둡시다. 전기가 흐르는 것을 **전류**라고 하는데, 전류는 '전자의 흐름'입니다.

여기서 주의해야 할 점은 '**전류는 양극 → 음극으로**' 흐르지만, '**전자는 음극 → 양극으로**' 이동한다는 점입니다(그림 1-13).

볼타전지의 경우, 아연판에서 구리판으로 전자가 이동하므로 아연판이 음극, 구리판이 양극이 됩니다. 반면에 전류는 구리판(양극)에서 아연판(음극)을 향해서 흐릅니다. 이렇게 복잡해진 이유는 전자가 아직 발견되지 않았던 시절에 전류 방향을 먼저 결정해 버린 것이 발단입니다. 전류의 정체가 전자라는 것이 밝혀진 후 전류 방향은 그대로 두고 전자가 음전하를 띤다고 정의했습니다.

그림 1-12 볼타전지 음극의 반응 구조

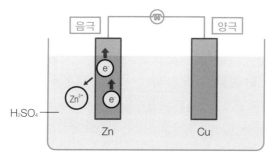

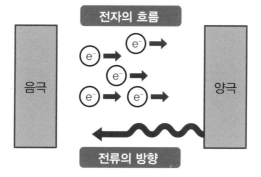

그림 1-13 전자의 이동 방향과 전류의 방향

Point

✔ 묽은 황산 용액이 담긴 수조에 아연판과 구리판을 넣고 도선으로 금속판 사이를 연결한 볼타전지는 볼타 전퇴와 함께 세계 최초의 화학전지다.

✔ 볼타전지의 아연판에서 아연 금속이 녹아나오면 아연판에 전자가 쌓이고, 쌓인 전자들은 도선을 따라 구리판으로 이동한다.

✔ 전자의 흐름과 전류의 방향은 반대이므로 전기는 구리판에서 아연판으로 외부 도선을 따라서 흐른다.

» 볼타전지의 반응 구조

전극의 양극과 이온화 경향

금속은 수용액 속에서 전자를 방출하는 성질이 있습니다. 전자는 전기적으로 음전하를 가지고 있기 때문에, 전자를 방출한 금속은 양전하를 가지며 양이온이라고 합니다. 금속은 종류에 따라서 수용액 속에서 양이온으로 변화하려는 정도가 정해져 있는데, 이를 **이온화 경향**이라고 합니다. 그림 1-14를 보면 아연이 구리보다 이온화 경향이 크므로, 양이온이 되기 쉽다는 것을 알 수 있습니다. 따라서 묽은 황산에서는 아연판이 계속 용출되어 전자를 방출하고 음극이 됩니다. 반면에 구리판은 아연이나 수소보다 이온화 경향이 작아서 묽은 황산에 거의 녹지 않습니다 (그림 1-15).

볼타전지 양극의 반응 구조

아연판(음극)에 쌓인 전자는 도선을 통해 구리판(양극)에 도달합니다. 이때 묽은 황산(H_2SO_4)은 **전해액**이므로 수소이온과 황산이온으로 나뉘어집니다. 양극에 도달한 전자에 양전하를 띤 묽은 황산 속의 수소이온이 끌려오고 전자를 받아들여 수소 원자가 됩니다. 이 **수소 원자 2개가 결합하면 수소 분자가 되고, 구리판(양극)에서 수소가스가 발생합니다**(그림 1-16).

$$2H^+ + 2e^- \rightarrow H_2 \ (B)$$

물질이 전자를 잃는 반응

볼타전지의 음극에서는 아연이 전자를 잃었습니다(1-6절의 반응식 A를 참조). 이처럼 물질이 전자를 잃는 반응을 **산화반응**이라고 합니다. 반대로 양극에서는 수소이온이 전자를 받아 수소가 되며(반응식 B), 환원반응이 일어납니다. 전지는 전극의 **산화환원반응**으로 전기를 만든다고 할 수 있습니다.

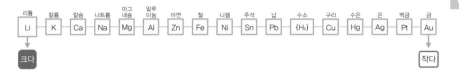

그림 1-14 금속의 이온화 경향

리튬	칼륨	칼슘	나트륨	마그네슘	알루미늄	아연	철	니켈	주석	납	수소	구리	수은	은	백금	금
Li	K	Ca	Na	Mg	Al	Zn	Fe	Ni	Sn	Pb	(H₂)	Cu	Hg	Ag	Pt	Au

크다 ← → 작다

그림 1-15 전극의 양극

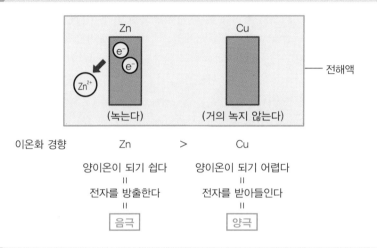

이온화 경향   Zn   >   Cu

양이온이 되기 쉽다   양이온이 되기 어렵다
　　　=　　　　　　　　　　　=
전자를 방출한다   전자를 받아들인다
　　　=　　　　　　　　　　　=
음극   양극

그림 1-16 볼타전지 양극의 반응 구조

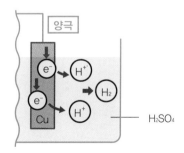

Point

✔ 화학전지의 전극에서는 이온화 경향이 큰 금속이 음극이 된다.

✔ 볼타전지의 양극에서는 묽은 황산 속의 수소이온이 음극에서 온 전자를 받아들여 수소가스가 된다.

✔ 볼타전지에서는 음극에서 아연이 전자를 잃고, 양극에서 수소이온이 전자를 얻는 전극의 산화환원반응에 의해 전기가 흐른다.

≫ 세계 최초의 화학전지가 실용화되지 못한 이유

볼타전지의 최대 단점

세계 최초의 화학전지로 탄생한 볼타전지는 실용화되지 못했습니다. 왜냐하면, 볼타전지는 **반응 지속 시간이 짧아 금세 전류가 흐르지 않게 된다**는 커다란 단점이 있었기 때문입니다. 기존 고등학교 교과서에서는 전류가 흐르면 양극인 구리판 표면이 **수소가스 기포**로 뒤덮여 반응이 저해(=분극)된다고 설명했습니다.

전류가 흐르지 않는 이유

그러나 실제로 실증 실험을 해보면, 양극뿐만 아니라 음극인 아연판도 묽은 황산에 녹으면서 수소가스를 발생시킵니다(그림 1-17).

음극에서도 수소가스가 발생한다는 것은 양극으로 흘러가기 전에 그 자리에서 전자를 소비한다는 뜻이므로, 그만큼 볼타전지의 전류가 약해집니다. 또 양극과 마찬가지로 음극인 아연판 표면이 수소가스 기포로 덮이면 반응이 저해되어 분극이 일어납니다(그림 1-18).

실제 양극의 반응이란?

양극인 구리판 표면은 실제로는 공기 중에서 바로 산화하여(=녹슬어) **산화구리(I)**가 되고, 음극으로부터 전자를 받아와 다음과 같은 환원반응으로 전류가 흐릅니다.

$$Cu_2O + 2H^+ + 2e^- \rightarrow 2Cu + H_2O$$

이처럼 실제로 볼타전지로 실증 실험을 해 보면 매우 작은 전류만 흐르고, 양쪽 극에서 모두 수소가스가 발생하여 분극이 일어납니다. 그에 따라 양극(+) 반응도 달라지므로 최근에는 교과서에서 다루지 않게 됐습니다.

그림1-17 실제 볼타전지의 구조

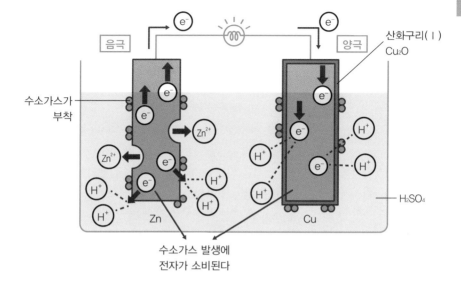

그림1-18 수소가스에 의한 분극

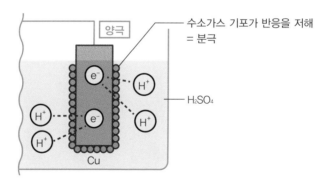

Point

✔ 볼타전지는 양극(+)의 표면을 수소가스 기포가 뒤덮어 반응을 저해(=분극)하므로 전지의 수명이 짧다고 설명해왔다.

✔ 실제로는 '모든 극에서 수소가 발생하며, 음극 표면도 수소가스 기포로 뒤덮여' 전류가 약해지고 금세 흐르지 않게 된다.

✔ 양극인 구리판 표면은 금방 산화해서 산화구리(I)가 되고, 묽은 황산에 용출된 구리 이온이 전자를 얻어 구리가 되는 환원반응이 발생한다.

≫ 차세대로 이어지는 전지 개발

볼타전지를 개량한 다니엘전지 //

1836년에 영국의 존 프레더릭 다니엘John Frederic Daniell은 볼타전지의 단점인 짧은 지속 시간을 개선하여 세계 최초로 실용적인 화학전지인 **다니엘전지**를 발명했습니다.

다니엘전지는 **바깥쪽은 유리이고 안쪽은 다공성 세라믹 이중 원통 용기로 구성되며, 볼타전지와 마찬가지로 음극은 아연, 양극은 구리**를 사용합니다(그림 1-19). 전해액은 음극 쪽에는 황산아연 용액, 양극 쪽에는 황산구리 용액을 사용했고, 서로 다른 전해액을 세라믹 용기로 된 **분리막**으로 분리한 점이 볼타전지와 크게 다릅니다. 이 용기에는 많은 미세한 구멍이 있어 용액은 통과하지 못하지만, 전해액 속의 이온은 통과할 수 있는 특징이 있습니다.

분리막에 의한 효과란? //

다니엘전지의 음극에서는 볼타전지와 같은 반응이 일어나고, 양극으로 이동한 전자는 구리이온과 반응하여 구리가 석출됩니다(그림 1-20).

음극: $Zn \rightarrow Zn^{2+} + 2e^-$

양극: $Cu^{2+} + 2e^- \rightarrow Cu$

이때 전해액으로 묽은 황산을 사용하지 않기 때문에 볼타전지처럼 수소가스로 인한 분극이 발생하지 않습니다. 그러나 이들 반응이 진행될수록, 음극 쪽 전해액은 아연이온 과잉으로 양전하를 띠게 되고, 양극 쪽 전해액은 구리이온 농도가 낮아져 음전하를 띠게 되면서 반응이 종료됩니다.

반면에, 전해액은 전기적으로 중성을 유지하려는 성질(**전기적 중성의 원리**)이 있어, 아연이온이 분리막을 통과해 양극 쪽으로 이동하거나 황산이온이 음극 쪽으로 이동함으로써 전해액 전체의 양전하와 음전하가 0으로 유지되어 전지 반응이 지속됩니다(그림 1-21). 전해액 내 구리이온이 없어지거나 아연이온 농도가 진해져서 포화 상태가 되면 전지의 반응이 정지됩니다.

그림 1-19 다니엘전지의 구조

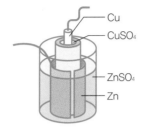

Cu
CuSO₄
ZnSO₄
Zn

그림 1-20 다니엘전지의 반응 구조

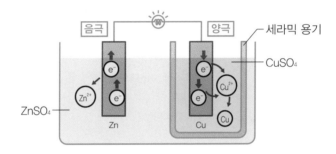

음극 양극 세라믹 용기
ZnSO₄ CuSO₄
Zn Cu

그림 1-21 분리막을 통과하는 전극간 이온

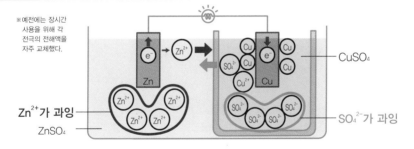

※ 예전에는 장시간 사용을 위해 각 전극의 전해액을 자주 교체했다.

Zn^{2+}가 과잉
ZnSO₄

CuSO₄
SO_4^{2-}가 과잉

Point

✔ 다니엘전지는 전해액으로 묽은 황산을 사용하지 않으므로, 볼타전지처럼 수소가스 가 발생하여 분극이 생기지 않는다.

✔ 전기적 중성의 원리에 따라 양극과 음극의 금속이온이 분리막을 이동하면, 전해액 의 양전하와 음전하가 균형을 이뤄 0으로 유지되고 전지 지속 시간이 길어진다.

>> 망간건전지로 이어지는 전지 개발

다니엘전지의 단점을 개선하다

다니엘전지는 전해액 내 이온 농도에 따라 반응이 멈춘다는 단점이 있었습니다. 그래서 1866년 프랑스의 조르주 르클랑셰$^{Georges\ Leclanché}$는 저렴하고 장시간 사용할 수 있는 **르클랑셰전지**를 발명했습니다. 이 전지는 전신, 전화용으로 보급되어 오늘날 망간건전지의 모태가 됐습니다.

오래 사용할 수 있는 전지의 탄생과 단점

르클랑셰전지의 음극은 기존 전지와 마찬가지로 아연을 사용합니다. 양극은 세라믹 등 미세 구멍이 매우 많은 다공성 용기에 **이산화망간** 분말을 채우고 탄소 막대를 꽂아 사용하는데, 이 탄소 막대는 전자를 잘 유도하기 위한 것입니다(그림 1-22). 이들을 전해액인 **염화암모늄**에 담그면 음극에서 아연이 녹아 $Zn(NH_3)_2Cl_2$가 생성됩니다.

따라서 다니엘전지와 달리 아연이온의 농도 과잉으로 인한 반응 정지가 해소되어, 전지의 지속 시간이 길어집니다. 음극에서 이동해 온 전자에 의해 양극의 이산화망간은 옥시수산화망간으로, 즉 +4가에서 +3가로 환원반응이 일어납니다(그림 1-23).

음극: $Zn + 2NH_4Cl \rightarrow Zn(NH_3)_2Cl_2 + 2H^+ + 2e^-$

양극: $MnO_2 + H^+ + e^- \rightarrow MnOOH$

양극의 반응 과정에서 수소가 발생하지만, 이산화망간에 바로 흡수되어 물로 변하며 분극을 방해(감극)하므로 전지를 장시간 사용할 수 있게 됩니다. 또 아연판에 수은을 코팅함으로써 수소 발생을 억제하여 르클랑셰전지는 기존 전지보다 현저하게 오래 사용할 수 있는 전지가 됐습니다. 하지만, 사용 중 염화암모늄 용액에 의해 용기가 부식되거나 휴대하기에 불편했고, 겨울이 되면 얼어서 사용할 수 없게 되는 등의 문제가 있었습니다.

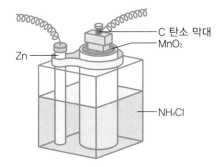

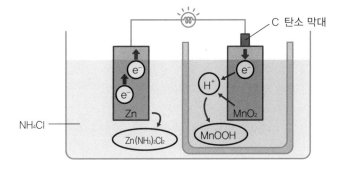

그림 1-22 르클랑셰전지의 구조

- C 탄소 막대
- MnO₂
- Zn
- NH₄Cl

그림 1-23 르클랑셰전지의 반응 구조

- C 탄소 막대
- e⁻
- e⁻
- H⁺
- Zn
- MnO₂
- NH₄Cl
- Zn(NH₃)₂Cl₂
- MnOOH

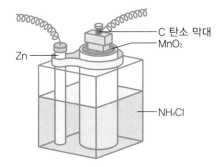

Point

- ✔ 르클랑셰전지는 음극에서 아연이 녹아 Zn(NH₃)₂Cl₂가 발생되고, 아연이온의 농도 과잉으로 인한 반응 정지가 해소되어 전지 지속 시간이 길어졌다.
- ✔ 양극의 반응 과정에서 분극의 원인이 되는 수소가 발생하지만, 이산화망간에 바로 흡수되어 전지를 장시간 사용할 수 있게 됐다.
- ✔ 르클랑셰전지는 염화암모늄 용액이 새거나 휴대가 불편하고 겨울에는 얼어서 사용할 수 없게 되는 등의 문제가 있었다.

≫ 전해액이 새지 않는 마른 전지의 탄생

특허를 얻은 세계 최초의 공식적인 건전지

독일의 의사이자 발명가였던 카를 가스너Carl Gassner는 전해액에 석고 분말을 섞어 풀처럼 만들어 넘어져도 전해액이 새지 않는 건전지를 발명했습니다(그림 1-24). **가스너건전지는 1888년 독일에서 특허를 취득하여 공식적으로 세계 최초의 건전지가 됐습니다.** 비슷한 시기인 1887년에 덴마크의 발명가 빌헬름 헬레센Wilhelm Hellesen도 건전지를 발명했습니다.

이들이 발명한 건전지는 르클랑셰전지를 기반으로 했습니다. 먼저 음극을 겸한 아연 캔을 용기로 하고, 그 안에 이산화망간 분말과 석고 분말을 섞어 페이스트 상태로 만들었습니다. 여기에 전기가 흐르도록 탄소 분말을 추가하고, 중심에는 양극이 될 탄소 막대를 넣었습니다.

세계 최초의 건전지를 발명했던 일본인

사실은 가스너나 헬레센보다 먼저 건전지를 발명한 사람이 있었습니다. 사업가이자 발명가이기도 했던 **야이 사키조**屋井先蔵는 1885년에 야이건전지 합자회사를 설립하여, 전지로 정확하게 작동하는 "연속전기시계"를 발명했습니다. 이때 사용한 전지에는 양극인 탄소 막대의 미세한 구멍으로 전해액이 새어 나와 부식되는 문제가 있었습니다.

1887년 야이는 고심 끝에 마침내 파라핀으로 구멍을 막는 방법으로 드디어 문제를 해결하는 데 성공합니다. **가스너나 다른 사람이 발명한 건전지보다 더 성능이 우수한, 세계 최초의 건전지 '야이건전지'를 발명**한 것입니다(그림 1-25). 하지만 특허 취득 시점이 1893년이라 상상 속의 '세계 최초'가 됐습니다. 1894년 발발한 청일 전쟁에서는 야이건전지만 만주의 추위 속에서도 사용할 수 있었기에 매우 평판이 좋았습니다.

가스너건전지와 야이건전지의 구조

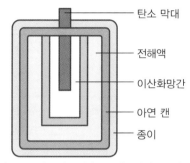

탄소 막대

전해액

이산화망간

아연 캔

종이

※ 가스너: 전해액을 석고로 굳히고 탄소 막대를 종이 분리막으로 감싼다.
※ 야이: 전해액을 종이에 침투시키고 파라핀으로 탄소 막대를 감싼다.

야이건전지

도쿄이과대학 본교 근대과학자료관이 소장한 '야이건전지'가 마이니치 신문에 소개
(URL: https://www.tus.ac.jp/today/archive/20211118_1000.html)

Point

✔ 1888년 독일의 가스너, 덴마크의 헬레센이 특허를 취득하여 공식적으로 그들이 발명한 전지가 세계 최초의 건전지가 됐다.

✔ 1887년 야이 사키조가 다른 전지보다 성능이 좋은 야이건전지를 발명했지만, 특허를 취득하지 않았기 때문에 상상 속의 '세계 최초'가 됐다.

11엔을 쌓아서 동전 전퇴를 만들어 보자

볼타 전퇴(1-5)는 구리판과 아연판 사이에 소금물을 적신 스폰지 형태의 물질을 끼워넣은 것입니다. 여기서는 구리판 대신 10엔짜리 동전, 아연판 대신 알루미늄으로 만든 1엔짜리 동전을 이용해서 동전 전퇴를 만들어 봅시다. 몇 개나 필요할까요?

준비물

• 10엔 동전 7~10개(가능하면 반짝반짝한 것)	• 실험용 전자 오르골
• 1엔 동전 7~10개	• 리드선
• 키친 페이퍼	• 식염수(염화나트륨 수용액)

실험 방법

① 끓인 물에 녹일 수 있을 만큼의 소금을 넣어 약간 진한 식염수를 만듭니다. 물이 식으면 10엔 동전과 같은 크기로 자른 키친 페이퍼를 적시고 물방울이 떨어지지 않을 정도로 짭니다.

② 10엔 동전 위에 식염수를 적신 키친 페이퍼를 올리고 다시 그 위에 1엔 동전을 올립니다. 이 11엔 세트를 7개 정도 겹쳐 쌓은 후, 전자 오르골의 음극을 1엔 동전에, 양극을 10엔 동전에 연결해 보고 소리가 나는지 확인해 봅시다.

③ 소리가 나지 않으면 계속 11엔 조합을 늘려 보세요.

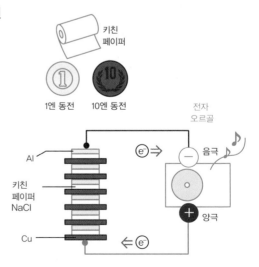

일회용 전지

가장 널리 보급된 일차전지

Battery

≫ 전지의 기본 구조와 작동 원리

전자의 전달을 담당하는 물질 ///////////////////////////////////////

볼타전지 탄생 이후, 개량을 거듭하여 현재는 다양한 종류의 화학전지가 실용화됐습니다. 일차전지, 이차전지 모두 기본적인 구조는 **전극**과 **전해질**로 구성됩니다(그림 2-1).

전극에는 음극과 양극 두 가지가 있으며, 기본적으로 **전극 물질에는 전기를 통과시키고 이온화 경향이 다른 두 종류의 금속이나 금속 산화물이 사용됩니다**(그림 2-2). 최근에 개발된 전지에는 전극에 같은 금속을 사용하거나 금속이 아닌 전도체를 사용하기도 합니다.

음극에서는 음극 자체 또는 음극 활물질에서 전자를 외부 회로에 공급하고(산화), 양극에서는 양극 자체 또는 양극 활물질이 전자를 받아들입니다(환원)(그림 2-3). 즉, **전극 물질이 반드시 전지 반응에 관여하는 것은 아닙니다.** 전지에 따라선 전지 반응에는 직접 관여하지 않고 반응에 의해 생성된 전자를 모으기만 하는 집전체^{Current} ^{Collector}가 사용됩니다. **집전체**에는 전자를 잘 유도하는(전기전도성이 우수한) 물질이 사용됩니다.

대부분의 화학전지에 사용되는 중요한 매개체 ///////////////////////////

전해질이란 전기가 통하는 액체 또는 고체를 말합니다. 대부분의 화학전지에서는 액체(전해액, 전해질 용액)가 사용되지만, 최근에는 이차전지인 전고체전지 등 고체 전해질을 사용한 전지들도 등장하고 있습니다(4-16).

전해질은 음극과 양극 사이에서 전지의 산화환원반응에 필요한 이온을 전달하는 역할을 하며, 전자는 통과시키지 않는 절연성이 있습니다. 이 때문에 전해질 안에서는 전자의 이동이 차단되어 발열, 발화 등의 원인이 되는 **쇼트서킷**(내부 단락^{Short} ^{Circuit})이 방지됩니다.

그림 2-1 화학전지의 기본 요소

음극 또는 음극 활물질이 산화된다 = 전자를 잃는다

양극 또는 양극 활물질이 환원된다 = 전자를 얻는다

그림 2-2 볼타전지의 산화환원반응에 관여하는 물질

전극	음극	양극
전극물질	아연	구리
활물질	아연	수소이온
산화환원반응	아연이 산화된다	수소이온이 환원된다
전자의 전달	아연이 전자를 잃는다	수소이온이 전자를 얻는다
산화제 · 환원제	아연이 환원제	수소이온이 산화제

그림 2-3 볼타전지의 산화와 환원

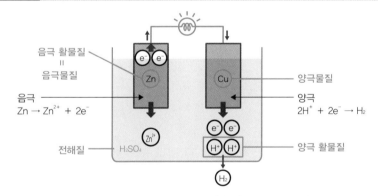

음극 활물질
=
음극물질

음극
$Zn \rightarrow Zn^{2+} + 2e^-$

전해질 H_2SO_4

양극물질

양극
$2H^+ + 2e^- \rightarrow H_2$

양극 활물질

Point

✔ 화학전지는 전극과 전해질로 구성되며, 전지에 따라서는 화학 반응에 관여하지 않고 전자를 모으기만 하는 집전체가 사용된다.

✔ 전해질은 전기가 통하는 액체 또는 고체를 말하며, 음극과 양극 사이에서 전자의 화학 반응에 필요한 이온만 전달한다.

✔ 전해질은 전자를 통과시키지 않는 절연체다. 전자의 이동이 차단되어 발열이나 발화의 원인이 되는 쇼트서킷(내부 단락)을 방지한다.

» 전지 성능의 수치화

표준전극전위와 공칭 전압

금속이 수용액 속에서 양이온이 되고자 하는 힘인 이온화 경향(1-7)을 표준 상태(1기압 25도)의 수소 전위를 기준으로 하여 수치화한 것을 **표준전극전위**Standard Electrode Potential라고 합니다.

전지의 전압(기전력)은 전류를 밀어내려는 힘(V)이며, 음극 활물질과 양극 활물질의 표준전극전위의 차이로 거의 결정됩니다(그림 2-4). 그러나 실제로는 전지 내의 복잡한 화학 반응, 농도, 온도, 산성도 등에 따라 그 수치가 미세하게 달라집니다. 따라서 전지는 규격에 따라 **정상 상태에서 사용했을 때 단자 간 전압 기준이 종류별로 정해져 있습니다.** 이를 **공칭 전압**Nominal Voltage이라고 합니다(그림 2-5). 이 공칭 전압은 실용화된 전지에는 반드시 기재되어 있습니다.

전기 용량과 전기 밀도

전지의 수명은 얼마나 오래 사용할 수 있느냐에 따라 달라집니다. 이를 나타내는 **전기 용량**(Ah: 암페어 아워 또는 암페어 시)은 1시간 동안 전지에서 꺼낼 수 있는 전기의 양(A)을 말합니다(그림 2-6). 일차전지는 전지를 사용하는 기기에 따라 전기 용량이 달라집니다. 따라서 일부 제조사에서는 공표하고 있지만, 일반적으로 전지에는 기재하지 않습니다. 이차전지는 전류 크기에 따른 전기 용량 변화가 상대적으로 크지 않으므로 전지에 기재됩니다.

전지 성능을 비교할 때 전지의 공칭 전압(V)과 전기 용량(Ah)을 곱한 후 체적 또는 중량으로 나눈 **에너지 밀도**를 사용합니다. 에너지 밀도가 높을수록 부피나 무게가 더 작고 큰 에너지를 뽑아낼 수 있다는 것을 의미합니다.

체적 에너지 밀도(Wh/l) = V(전압) × Ah(전기 용량) / l(체적)

중량 에너지 밀도(Wh/kg) = V(전압) × Ah(전기 용량) / kg(중량)

그림 2-4 금속의 표준전극전위와 전지의 전압

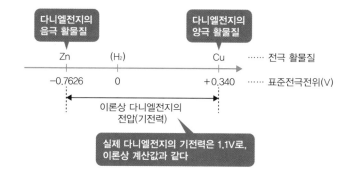

다니엘전지의
음극 활물질

다니엘전지의
양극 활물질

Zn   (H₂)   Cu   ····· 전극 활물질

−0.7626   0   +0.340   ····· 표준전극전위(V)

이론상 다니엘전지의
전압(기전력)

실제 다니엘전지의 기전력은 1.1V로,
이론상 계산값과 같다

그림 2-5 주요 일차전지의 공칭 전압

전지 이름	공칭 전압(V)
망간건전지	1.5
알칼리망간건전지	1.5
아연−공기전지	1.4
산화은전지	1.55

출처: 일본산업표준조사회 "일차전지통칙"을 바탕으로 저자가 작성
(URL: https://www.jisc.go.jp/app/jis/general/GnrJISUseWordSearchList?toGnrJISStandardDetailList)

그림 2-6 전압과 전기 용량의 이해

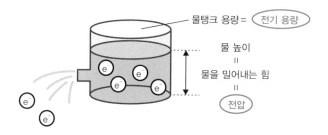

물탱크 용량 =   전기 용량

물 높이
=
물을 밀어내는 힘
=
전압

Point

✔ 전지의 전압(기전력)은 전류를 밀어내는 힘(V)이며, 음극 활물질과 양극 활물질의
표준전극전위 차이로 거의 결정된다.

✔ 기전력은 전지 내부 조건에 따라 약간씩 달라지기 때문에 전지의 종류에 따라 공칭
전압이 정해져 있다.

✔ 에너지 밀도에는 두 종류가 있는데, 각각 전지의 공칭 전압(V)과 전기 용량(Ah)을
곱한 후 체적 또는 중량으로 나눈 값이다.

≫ 전지 보급의 계기가 된 건전지

건전지의 원조는 망간건전지

예전부터 널리 보급된 **망간건전지**는 르클랑셰전지를 개량한 것(1-10)입니다. 일본 최초의 망간건전지를 개발한 야이 사키조가 사망한 후, 1931년부터 다른 회사에서도 본격적으로 생산을 시작하면서 건전지 개량이 진행됐습니다.

사용되는 금속을 다양하게 연구한다

망간건전지에서는 전해질을 합성 풀로 페이스트 형태로 만들어 분리막에 스며들게 했습니다. 이를 통해 **전해질 누액 문제를 획기적으로 해소**할 수 있게 됐습니다. 망간건전지는 르클랑셰전지와 마찬가지로 음극 및 음극 활물질에 아연, 양극 활물질에 이산화망간, 집전체에 탄소 막대를 사용합니다(그림 2-7). 전해질은 초기에는 염화암모늄 용액을 사용하다가 나중에는 **염화아연** 용액을 사용하게 됐습니다.

음극에서는 아래 반응식과 같이 아연이 염화아연 용액에 녹아 전자를 방출하는 산화반응을 일으켜 $ZnCl_2 \cdot 4Zn(OH)_2$가 침전됩니다(그림 2-8). 따라서 수용액 속 아연이온 농도 상승으로 인한 화학 반응 정지가 방지되고, 전해질인 염화아연 용액도 흡수되어 누액이 방지됩니다. 또한 음극인 아연은 캔 모양으로 만들어져 전지 용기 역할도 겸하고 있으며, 수소 발생을 방지하기 위해 과거에 사용하던 수은(1-10) 대신 인소듐이 첨가되어 있습니다. 뿐만 아니라 아연 캔은 누액 방지를 위해 외부에서 금속재킷으로 보호되어 있습니다.

전지 내부 양극에는 전기가 잘 통하도록 탄소 분말이 첨가되고, 아래와 같이 이산화망간이 전자를 받아 +4가에서 +3가로 환원반응이 일어나 수소이온과 결합합니다. 이때 이산화망간은 수소이온을 흡수하여 분극을 방지하는 **감극제**로도 작용합니다.

음극: $4Zn + ZnCl_2 + 8H_2O \rightarrow ZnCl_2 \cdot 4Zn(OH)_2 + 8H^+ + 8e^-$

양극: $MnO_2 + H^+ + e^- \rightarrow MnOOH$

그림2-7 | 망간건전지의 구조

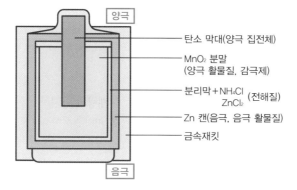

- 탄소 막대(양극 집전체)
- MnO₂ 분말
  (양극 활물질, 감극제)
- 분리막+NH₄Cl
  ZnCl₂ (전해질)
- Zn 캔(음극, 음극 활물질)
- 금속재킷

그림2-8 | 망간건전지의 반응 구조

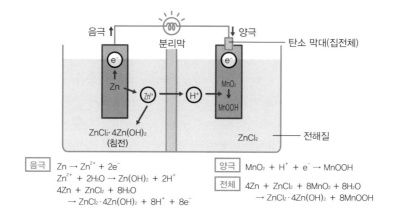

음극 $Zn \rightarrow Zn^{2+} + 2e^-$
$Zn^{2+} + 2H_2O \rightarrow Zn(OH)_2 + 2H^+$
$4Zn + ZnCl_2 + 8H_2O$
$\rightarrow ZnCl_2 \cdot 4Zn(OH)_2 + 8H^+ + 8e^-$

양극 $MnO_2 + H^+ + e^- \rightarrow MnOOH$
전체 $4Zn + ZnCl_2 + 8MnO_2 + 8H_2O$
$\rightarrow ZnCl_2 \cdot 4Zn(OH)_2 + 8MnOOH$

Point

✔ 망간건전지는 전해질을 페이스트 상태로 만들어 분리막에 스며들게 하여 전해질 누액을 해결했다.

✔ 망간건전지는 음극 및 음극 활물질에 아연, 양극 활물질에 이산화망간, 집전체로는 탄소 막대, 전해질에는 염화아연을 사용한다.

✔ 양극 활물질인 이산화망간은 수소이온을 흡수하여 분극을 방지하는 감극제 역할도 한다.

≫ 현재 가장 널리 보급된 강력하고 오래가는 전지

알칼리성 건전지?

알칼리Alkaline 건전지는 현재 가장 널리 사용되는 일차전지이며, 정식 명칭은 알칼리 망간전지입니다. 이름에서도 알 수 있듯이 망간건전지와 비슷해서 음극 활물질은 아연, 양극 활물질은 이산화망간, 공칭 전압도 1.5V로 동일합니다. 하지만 **알칼리건전지가 망간건전지보다 전기 용량이 약 2배 정도 크고 수명도 길어, 면도기나 손전등처럼 큰 전력을 사용하는 기기에 적합합니다.** 또한 전도성이 높고 반응이 진행되기 쉬운 강알칼리성 **수산화칼륨** 수용액을 전해질로 사용하는데, 여기서 알칼리(알카라인) 전지라는 이름이 붙게됐습니다. 이 건전지는 안쪽에 음극 활물질, 바깥쪽에 양극 활물질을 사용해서 망간건전지의 안팎을 뒤집은 구조로 되어 있습니다(그림 2-9).

아연 분말로 파워 업

음극 활물질로는 **아연 분말**에 수소 발생을 방지하는 감극제를 섞어 젤 상태로 만든 것을 사용합니다. 이 때문에 분리막에 스며든 **전해질과 화학 반응을 일으키는 접촉 면적이 커지면서 반응 효율이 높아져 더 큰 전기를 모을 수 있게 됐습니다.**

음극에서는 그림 2-10의 화학식처럼 아연이 강알칼리에 녹아 전자를 방출하여 산화 반응이 일어납니다. 음극 활물질인 아연이 전극을 겸하지 않기 때문에 음극 집전체로서 탄소 막대 등이 삽입됩니다. 분리막 밖은 양극 활물질인 이산화망간 분말과 전기가 잘 통하도록 탄소 분말 등이 혼합되어 들어갑니다.

양극에서는 아래 화학식처럼 감극제 역할을 겸한 이산화망간이 전자를 받아 +4가에서 +3가로 환원반응을 일으키고 물과 반응합니다. 또한 강알칼리성 전해질의 부식에 강한 금속으로 된 완전 밀폐 구조 용기가 양극 집전체 역할을 겸하고 있습니다.

$$MnO_2 + H_2O + e^- \rightarrow MnOOH + OH^-$$

그림 2-9 알칼리건전지의 구조

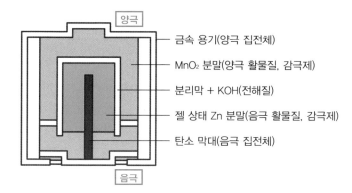

양극

금속 용기(양극 집전체)

MnO₂ 분말(양극 활물질, 감극제)

분리막 + KOH(전해질)

젤 상태 Zn 분말(음극 활물질, 감극제)

탄소 막대(음극 집전체)

음극

그림 2-10 알칼리건전지의 반응 구조

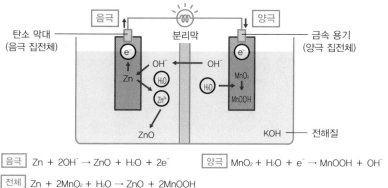

| 음극 | Zn + 2OH⁻ → ZnO + H₂O + 2e⁻ | 양극 | MnO₂ + H₂O + e⁻ → MnOOH + OH⁻ |

음극 $Zn + 2OH^- \rightarrow ZnO + H_2O + 2e^-$ 양극 $MnO_2 + H_2O + e^- \rightarrow MnOOH + OH^-$

전체 $Zn + 2MnO_2 + H_2O \rightarrow ZnO + 2MnOOH$

Point

✔ 알칼리건전지는 망간건전지와 유사한 구조이면서도 성능이 개선되어 전기 용량이 약 2배 더 크고 수명이 길다.

✔ 알칼리건전지의 전해질로는 전도성이 높고 반응이 잘 일어나는 강알칼리성 수산화칼륨 수용액이 사용된다.

✔ 아연 분말에 수소 발생을 방지하는 감극제를 섞어 젤 상태로 만든 음극 활물질을 사용함으로써 더 많은 전기를 모을 수 있게 됐다.

≫ 성가신 자가 방전 해결법

성가신 자가 방전

전지를 사용하지 않고 방치하면, **외부에 연결하지 않아도 활물질과 전해질 사이에서 또는 양쪽 극의 활물질이 전해질을 통해 반응해 버립니다.** 이렇게 시간이 지남에 따라, 전지에서 추출할 수 있는 전기 양이 줄어드는 것을 **자가 방전**이라고 합니다.

자가 방전은 화학 반응에 의해 진행되므로 전지 보관 시 주위 온도가 높을수록 발생하기 쉽습니다. 또한 보관 시 화학 반응이 일어나기 쉬운 물질이 있기 때문에, 종류에 따라 자가 방전이 더 일어나기 쉬운 전지가 있습니다. 이러한 전지의 자가 방전에 대비하기 위해 국가기술표준원에서는 일차전지에 한해 방전 지속 시간을 발휘하는 기간인 '사용권장기한'을 전지 본체나 패키지에 표시하도록 하고 있습니다(그림 2-11).

전지 고성능화에 공헌한 수은

망간건전지 및 알칼리건전지(이하 건전지)의 음극 활물질로 사용되는 아연은 이온화 경향이 커서 전해질에 쉽게 용해됩니다(1-7). 이는 다른 금속과 화학 반응을 일으키기 쉽고 자가 방전이 일어나기 쉽다는 것을 뜻합니다. 하지만 건전지 내부에서 **자가 방전이 일어나면 수소가스가 생성되어 건전지가 팽창하고 누액이 발생하게 됩니다.**

이 때문에 1990년까지는 건전지에 반드시 수은이 포함되어 있었습니다. 건전지의 아연과 **수은 합금**(아말감)을 만들면 이온화(부식)를 방해해 자가 방전에 의한 수소가스 발생을 억제할 수 있습니다. 수은은 수소를 생성시키기 위한 전압(**수소 과전압**)이 높기 때문에 수소가스 발생 반응이 매우 느리다는 성질을 이용한 것입니다. 또한 합금으로 만들면 전류가 흐르기 쉬워지므로, 건전지의 고성능화에 수은은 필수적인 존재였습니다. 이 때문에 건전지 외에도 산화은전지와 알칼리 망간 단추형 전지에 미량의 수은이 포함되어 있었습니다(그림 2-12).

| 그림 2-11 | 건전지 사용권장기한 |

전지의 종류		연수
알칼리건전지	D형, C형, AA형, AAA형	10년
	N형, 9V형	2년
알칼리 단추형 전지		2년(일부 4년)
산화은전지		2년
공기전지		
리튬 동전형 전지		5년
원통형(카메라용) 리튬전지		

출처: 맥스웰 '사용권장기한'에 관해서(URL: https://www.maxell.jp/consumer/dry-voltage_01.html)

| 그림 2-12 | 수은의 용도 |

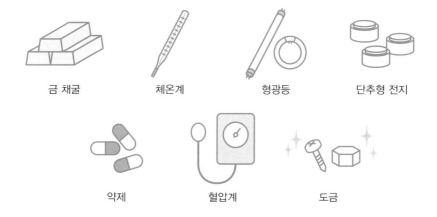

금 채굴   체온계   형광등   단추형 전지

약제   혈압계   도금

Point

✔ 자가 방전이란 외부에 연결하지 않아도 활물질과 전해질 사이 또는 양쪽 전극의 활물질이 전해질을 통해 반응해 기전력이 저하되는 것을 말한다.

✔ 자가 방전으로 기기를 사용할 수 없게 되는 것을 방지하고자 국가기술표준원의 고시에 따라 일차전지에 한해 '사용권장기한'을 전지 본체에 표시하도록 되어 있다.

✔ 아연과 수은 합금(아말감)의 장점은 이온화를 방지하여, 자가 방전에 의한 수소가스 발생을 억제함으로써 전류가 잘 흐르게 하는 것이다.

≫ 수은 제로를 실현하는 길

공해 문제에서 수은 제로 실현으로

결국 수은은 **미나마타병**이라는 공해병과의 인과관계가 인정됐고, 특히 1980년대에는 탈수은을 향한 목소리가 높아지기 시작했습니다(그림 2-13). 이에 따라 수은을 사용하지 않으면서도 성능이 저하되지 않는 건전지의 연구 개발이 추진됐습니다.

수은 제로를 실현하기 위해 기술자들은 수은을 대신할 독성이 적고 수소 과전압이 높은(=수소가스 발생 반응이 일어나지 않는) 금속을 철저하게 탐색했습니다. 그 결과, **인듐 등을 소량 포함한 합금 사용, 전해질에 부식 억제제 첨가, 수소 발생의 원인이 되는 불순물이 적은 고순도 재료를 사용**함으로써 수은 제로를 달성할 수 있었습니다. 수은전지(2-8)의 제조 및 수입이 중단되면서 현재는 산화은전지, 알칼리 단추형 전지에서도 수은 제로가 실현됐습니다(그림 2-14).

힘겨웠던 알칼리건전지의 수은 제로

예전의 망간건전지를 대체한 알칼리건전지는 수은 제로를 실현하는 데 망간건전지보다 훨씬 더 어려운 과정을 거쳤습니다. 그 원인 중 하나는 양극 활물질인 이산화망간에 포함된 불순물 때문이었습니다. 강알칼리성인 전해질에 이산화망간 불순물이 점점 녹아들어 좋지 않은 반응을 일으켰고, **수소가스**를 발생시키면서 누액의 원인이 됐습니다.

그 밖에도 음극 활물질인 아연 분말과 접촉한 불순물이 표면에 석출되어 고체가 되고, 이것이 점점 커져서 양극과 직접 연결돼 쇼트서킷(내부단락)을 일으키기도 했습니다. 그 때문에 고순도 **전해 이산화망간**이 채택됐고, 이로써 수은 제로 실현과 동시에 알칼리건전지의 성능도 향상되기 시작했습니다.

그림2-13 수은 오염의 순환 예

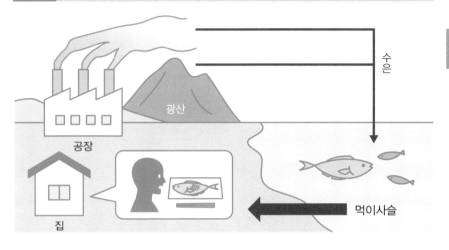

그림2-14 다양한 전지의 수은 제로 마크

 수은을 의도적으로 사용하지 않은 배터리에는
'수은0(제로) 사용'이라고 명기되어 있다.

Point

✔ 독성이 낮고 수소 과전압이 높은 금속인 인듐 등을 소량 함유한 합금을 사용하는
  등의 노력으로 건전지에서 수은 제로(0)가 실현됐다.

✔ 알칼리건전지에서는 양극 활물질인 이산화망간 속 불순물로 인한 문제를 방지하
  고자 순도가 높은 전해 이산화망간을 사용한다.

>> 건전지에서 99%의 문제는 안전 때문에 일어난다

지금도 계속 샌다고?

기술이 이만큼 발전했으니 이미 건전지 누액 문제가 해결됐을 거라고 생각하는 것도 어쩌면 당연한 일입니다. 하지만, 지금도 일차전지 트러블의 99%가 누액이라는 보고가 있습니다(그림 2-15).

누액이 자주 일어나는 전지는 알칼리건전지며, 다른 건전지에서는 거의 발생하지 않습니다. 누출되는 액체는 수산화나트륨이나 수산화칼륨으로 전지 단자나 전지가 들어간 기기 내부를 부식시킬 수 있습니다. 게다가 인체에 닿으면 위험하므로 알칼리건전지는 금속 용기로 완전 밀폐되어 있습니다(2-4). 따라서 일반적인 상황에서는 누액이 발생하지 않을 것입니다.

트러블의 진짜 원인은?

하지만, 알칼리건전지를 다음과 같이 잘못 사용하면, 전지 내부에서 수소가스가 발생하거나 열이 발생하여 파열될 위험이 있습니다.

- 장시간 사용하지 않고 기기에 장착한 채로 방치한다(과방전)
- 오래된 전지와 새 전지를 함께 사용한다(과방전)
- 양극과 음극을 거꾸로 연결한다(역삽입)
- 브랜드나 종류가 다른 전지, 또는 크기가 다른 전지를 혼용한다

그래서 전지 내부 압력이 상승하면, 수소가스를 외부로 배출하도록 **개스킷** 일부가 찢어지면서 구멍이 나도록 설계되어 있습니다(그림 2-16). 이는 알칼리 단추형 전지도 동일한 구조로 되어 있습니다. 수소가스가 배출될 때, 전해질도 함께 새어 나옵니다. 즉, 현재도 계속되고 있는 누액 문제는 사실은 **오사용에 따른 파열 사고를 방지하기 위해** 일어나는 것입니다.

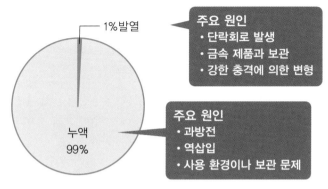
그림2-15 2020년도 일차전지 현상별 장애

1% 발열

주요 원인
• 단락회로 발생
• 금속 제품과 보관
• 강한 충격에 의한 변형

누액
99%

주요 원인
• 과방전
• 역삽입
• 사용 환경이나 보관 문제

데이터 출처: 일반사단법인 전지공업회 "어떤 문제가 많습니까?"
(URL: https://www.baj.or.jp/battery/trouble/q01.html)

그림2-16 알칼리건전지 개스킷 구조

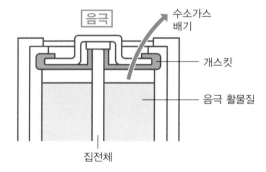

음극

수소가스
배기

개스킷

음극 활물질

집전체

Point

✔ 강알칼리성 전해질은 부식성이 강해 인체에 닿으면 위험하므로 알칼리건전지나 알칼리 단추형 전지는 누액을 방지하기 위해 완전 밀폐형이다.

✔ 건전지는 오사용으로 인한 내압 상승 시 발생하는 가스를 외부로 배출할 수 있도록 개스킷에 구멍이 뚫린 구조로 되어 있다.

✔ 기술이 발전한 현재에도 보고되는 누액 문제는 사실 전지 오사용으로 인한 것이다.

≫ 환경 문제로 사라진 전지

뛰어난 성능을 갖고 있던 수은전지 ////////////////////////

1947년 미국의 S.루벤에 의해 발명된 **수은전지**(산화수은전지)는 **방전 전압**이 장시간 일정하고, 전기 용량도 알칼리건전지의 약 2.5배에 달하며, 오래 지속되는 특징이 있었습니다. 특히 단추형 전지는 보청기용으로 자주 사용됐고, 그 밖에 카메라나 손목시계에도 사용됐습니다(그림 2-17).

그러나 1980년대에 들어와 폐전지에서 나오는 수은의 위험성이 지적되기 시작했고, 결국 1995년에는 수은전지 생산이 중단됐습니다. 그로 인해 보청기용으로는 아연-공기전지, 손목시계와 일부 해외 제조 카메라에는 산화은전지(2-9)로 대체됐습니다. 하지만, 수은전지의 공칭 전압은 1.35V로 현재 동일한 공칭 전압을 갖는 전지는 존재하지 않습니다. 반드시 수은전지가 필요한 경우에는 현재도 수입되는 수은전지나 전압 변환 기능이 있는 어댑터 등이 사용됩니다.

좋은 역할을 하던 수은 ////////////////////////

수은전지의 구조는 알칼리건전지의 이산화망간 대신에 **산화수은(II)**을 이용한 것과 같습니다(그림 2-18). 흔히 사용되던 단추형 전지는 음극 활물질에 아연 분말과 수은의 합금, 양극 활물질에 산화수은(II), 전해질에 수산화칼륨 수용액을 사용합니다. 양극의 산화수은(II)이 환원반응에 의해 상온에서 액체 상태의 금속 수은으로 변화되어 전극에서 떠다니며 전류의 흐름을 돕기 때문에, **방전 중 전극의 열화가 거의 없습니다.** 또한 산화수은(II)은 수소이온을 흡수하여 분극을 방지하는 감극제 역할도 합니다.

음극: $Zn + 2OH^- \rightarrow ZnO + H_2O + 2e^-$

양극: $HgO + H_2O + 2e^- \rightarrow Hg + 2OH^-$

전체: $HgO + Zn \rightarrow Hg + ZnO$

그림 2-17 수은전지의 특징

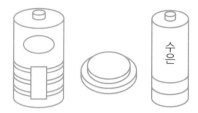

수은전지의 특징
- 방전 시간이 길고 일정하다.
- 자가 방전이 없어 수명이 길다.
- 전압이 1.35V
- 보청기 및 카메라에 사용한다.

그림 2-18 수은전지의 구조

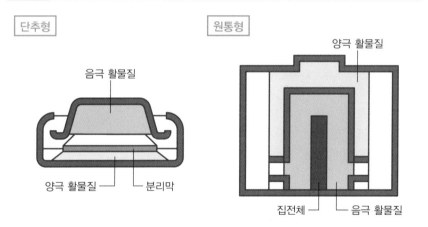

단추형

음극 활물질

양극 활물질 ── ── 분리막

원통형

양극 활물질

집전체 ── ── 음극 활물질

Point

✔ 수은전지는 방전 전압이 장시간 일정하게 유지되며, 전기 용량도 알칼리건전지의 약 2.5배로 오래 사용할 수 있다는 특징이 있다.

✔ 수은전지의 구조는 알칼리건전지의 이산화망간을 산화수은(II)으로 대체한 것과 동일하다.

✔ 양극의 산화수은(II)이 환원반응에 의해 액체 금속 수은으로 변화되어 전류의 흐름을 돕기 때문에, 방전 중 전극 열화가 거의 없다.

» 손목시계에서 끈질지게 살아남은 소형 전지

한때 정밀 기기에는 산화은전지가 사용됐다 //////////////////////////////////////

단추형 **산화은전지**(은아연전지)는 손목시계, 계산기, 휴대용 전자게임기 등에서 많이 사용됐습니다. 그러나 1979년에 은값이 폭등하자 원가 상승과 전기 용량 부족 등으로 인해 알칼리 단추형 전지나 동전형 리튬일차전지로 대체됐습니다. 또한, 계산기에는 태양전지(6-1)가 채택되기 시작했습니다.

일부에서 계속 사용되는 이유는? //

지금은 인기가 많이 없어진 산화은전지이지만, 사실 지금도 아날로그 시계 등에 계속 사용되고 있습니다. 산화은전지는 **방전 중 계속 공칭 전압 1.55V를 거의 유지하다가 방전 말기가 되면 급격히 낮아지는 특성**이 있습니다. 또한 자가방전율이 낮아 장기간 사용할 수 있으며, 작동 온도 범위가 영하 10~60도까지로 넓어 정밀도가 필요한 시계나 체온계 등에 적합합니다(그림 2-19).

산화은전지의 구조 //

산화은전지는 음극 활물질로 아연 분말, 양극 활물질로 **산화은**을 사용합니다(그림 2-20). 알람이나 라이트를 지원하는 다기능 디지털 손목시계처럼 대전류가 필요한 경우(W: High Rate Type)에는 반응이 잘 일어나는 수산화칼륨 수용액을 전해질로 사용하고, 아날로그 손목시계처럼 미소전류가 필요한 경우(SW: Low Rate Type)에는 누액이 적은 수산화나트륨 수용액을 전해질로 사용합니다.

음극에서는 아연의 산화반응이 일어납니다. 양극에서의 산화은의 환원반응으로 석출되는 **은**은 전도성이 우수하여 전압 강하가 일어나지 않습니다.

그림 2-19 산화은전지의 방전 곡선

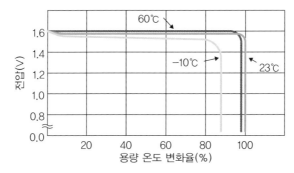

출처: 무라다 제작소 "산화은전지"
(URL: https://www.murata.com/ja-jp/products/batteries/micro/overview/lineup/sr)

그림 2-20 산화은전지의 구조

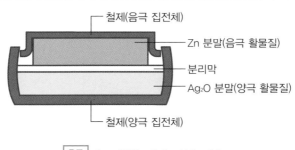

음극	$Zn + 2OH^- \rightarrow ZnO + H_2O + 2e^-$
양극	$Ag_2O + H_2O + 2e^- \rightarrow 2Ag + 2OH^-$
전체	$Ag_2O + Zn \rightarrow 2Ag + ZnO$

Point

✔ 예전에는 소형 전지라고 하면 산화은전지가 대표적이었지만, 은 가격의 상승으로 인한 높은 생산 비용과 적은 전기 용량 때문에 최근에는 다른 전지가 이용된다.

✔ 산화은전지는 방전 전압이 일정하게 유지되고 자가방전율이 낮아 오래 사용할 수 있으며, 영하 10~60도까지 작동 온도 범위가 넓어 정밀도가 요구되는 손목시계, 온도계 등에 적합하다.

✔ 음극에서는 아연의 산화반응, 양극에서는 산화은의 환원반응이 일어나고, 산화은 전지의 방전이 끝나면 양극에 다량의 은이 석출된다.

» 보청기에서 오랫동안 활약하고 있는 전지

일차전지 최고의 에너지 밀도

지금까지 화학전지의 활물질은 금속이었지만, 전자를 전달할 수 있다면 금속이 아니라도 상관없습니다. 그래서 전지 외부에서 활물질을 도입한다는 새로운 발상으로 개발된 것이 **아연-공기전지**(공기전지)입니다. 공기전지의 역사는 오래됐습니다. 르클랑셰전지에 사용되는 이산화망간이 희소 금속이었기 때문에, 1차세계대전 중이던 1915년 프랑스의 샤를 페리Charles Ferry가 군사 통신기기용으로 발명했습니다. 1920년대부터 양산됐지만, 현재는 단추형전지가 보청기용으로만 사용되고 있습니다.

단추형 아연-공기전지는 1970년대 후반 미국에서 출시됐습니다. 아연-공기전지는 방전 말기까지 공칭 전압 1.4V를 유지합니다(그림 2-21). 게다가 일차전지 중 에너지 밀도가 가장 높아서 **보청기** 종류에 따라선 100~300시간은 사용할 수 있습니다.

공기 중에서 양극 활물질을 공급한다

단추형 아연-공기전지의 음극 및 음극 활물질은 아연 분말, 양극은 활성탄에 이산화망간 등의 촉매를 얇게 부착한 것이고, 양극 활물질은 금속이 아닌 공기 중의 **산소**입니다(그림 2-22). 전해질은 수산화칼륨 수용액 또는 수산화나트륨 수용액을 사용합니다.

사용할 때 전극의 공기 구멍을 막고 있는 씰을 떼어내면 약 1분 만에 방전이 시작되며, 한 번 떼어내면 방전을 중단할 수 없습니다. 음극에서는 알칼리건전지나 산화은전지와 같은 아연의 산화반응이 일어납니다. 양극에서는 공기 중에서 가져온 산소가 환원됩니다.

전지 내부는 양극 활물질을 저장할 필요가 없는 만큼 더 많은 아연을 저장할 수 있어, 산화은전지보다 전기 용량이 큽니다.

이처럼 뛰어난 성능을 가진 아연-공기전지이지만, 이산화탄소에 의해 전해질이 열화되기 쉽고, 5도 이하의 기온에서는 성능이 현저히 떨어지는 단점이 있습니다.

그림 2-21 아연-공기전지의 방전 특성

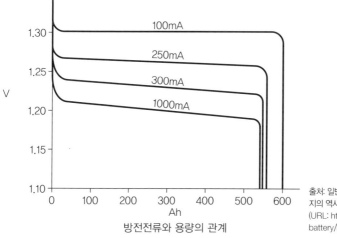

출처: 일반사단법인 전지공업회 "전
지의 역사2 일차전지"
(URL: https://www.baj.or.jp/
battery/history/history02.html)

그림 2-22 아연-공기전지의 구조

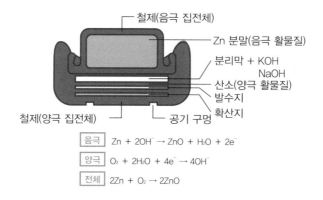

음극	$Zn + 2OH^- \rightarrow ZnO + H_2O + 2e^-$
양극	$O_2 + 2H_2O + 4e^- \rightarrow 4OH^-$
전체	$2Zn + O_2 \rightarrow 2ZnO$

Point

- ✔ 아연-공기전지를 발명한 당시에는 습식 대형 전지뿐이었으나, 수요가 없어진 현재 는 단추형전지가 보청기용으로 사용되고 있다.

- ✔ 아연-공기전지는 계속 방전해도 공칭 전압 1.4V를 안정적으로 유지하며, 일차전지 중 에너지 밀도가 가장 높다. 그러나 이산화탄소와 기온 5도 이하의 저온에 취약하 다는 단점이 있다.

- ✔ 음극에서는 아연이 산화되고, 양극에서는 공기 중에서 가져온 산소가 환원된다.

》》 일차전지의 왕

이온화 경향이 가장 큰 독특한 금속

1800년 볼타전지 이후로 음극 활물질로 아연을 사용해 오다가, 20세기 후반에 비로소 **리튬**을 사용하는 전지가 등장했습니다. 이를 총칭하여 **리튬전지**라고 합니다.

리튬은 이온화 경향이 제일 커서 매우 산화되기 쉽고 전자를 방출하기 쉬운 금속입니다. 따라서 다른 어떤 금속과 조합해도 리튬은 반드시 음극 활물질이 되며, **이전의 전지와 비교했을 때 전압이 높아지고 전기 용량도 커졌습니다**(그림 2-23). 또한, 리튬은 물보다 가벼운 비중 0.53의 가장 가벼운 금속으로, 에너지 밀도가 높아서 작고 가벼운 전지 개발에 이용할 수 있습니다(그림 2-24). 자가 방전을 일으키지 않는다는 장점도 있어 장기간 보존할 수 있습니다.

단, 물과 격렬하게 반응하여 발화할 수 있으므로 주의가 필요하며 유기용매 속에서 사용해야 합니다. 이 유기용매는 영하에서도 얼지 않아, 결과적으로 사용 온도 범위가 넓고 혹독한 환경에서도 사용할 수 있습니다. 리튬전지 중에서도 리튬금속을 사용한 것을 **리튬일차전지**라고 합니다(그림 2-25). 비슷한 이름의 리튬이온전지는 금속이 아니라 리튬이온이 사용되며, 스마트폰이나 노트북 PC에 자주 사용되는 이차전지입니다(4장).

리튬일차전지의 역사

리튬일차전지는 1950년대 무렵부터 미국에서 군사 및 우주용으로 개발됐으며, 태양전지가 개발되기 전에는 인공위성이나 로켓 분야에서 사용됐습니다. 장기간 기기 안에 넣어둔 채로 사용할 수 있어 가스계량기, 수도계량기, 화재경보기, PC와 디지털 카메라의 전원으로 사용되고 있습니다. 특히 동전형 전지의 수요가 확대되어 디지털 손목시계 전지는 대부분 산화은전지에서 리튬일차전지로 바뀌었습니다.

그림 2-23 **리튬일차전지의 공칭 전압**

전지명	양극	공칭 전압(V)
이산화망간–리튬전지	이산화망간	3.0
불화흑연–리튬전지	불화흑연	3.0
염화티오닐–리튬전지	염화티오닐	3.6
요오드–리튬전지	요오드	3.0
황화철–리튬전지	황화철	1.5
산화구리–리튬전지	산화구리(II)	1.5

출처: 일본산업표준조사회 "일차전지통칙"(URL: https://www.jisc.go.jp/app/jis/general/GnrJISUseWordSearchList?toGnrJI
SStandardDetailList)을 바탕으로 저자가 작성

그림 2-24 **리튬일차전지 에너지 밀도 비교**

종류	에너지 밀도(Wh/Kg)
이산화망간–리튬전지	230
불화흑연–리튬전지	250
염화티오닐–리튬전지	590
요오드–리튬전지	245
황화철–리튬전지	260

출처: 후쿠다 쿄헤이 "전지의 모든 것을 한
눈에 알 수 있다"(기술평론사, 2013) p.91

그림 2-25 **리튬일차전지의 종류**

Point

✔ 리튬일차전지는 음극 활물질로 리튬금속을 사용하는 전지의 총칭이다. 스마트폰
에는 리튬이온을 사용하는 이차전지가 사용된다.

✔ 리튬은 이온화 경향이 가장 크고 가벼운 금속이라는 특징이 있어, 리튬일차전지는
전압이 높고 에너지 밀도가 크다.

✔ 리튬일차전지는 자가 방전을 일으키지 않아 수명이 길고, 작동 온도 범위가 넓어
가혹한 환경에서도 사용할 수 있다.

>> 가전 제품 전원으로 대활약하는 전지

대표적인 리튬일차전지

리튬일차전지 중에서 가장 많이 사용되는 것은 1978년에 등장한 **이산화망간-리튬전지**입니다. 그 구조는 음극 및 음극 활물질에 리튬, 양극 활물질에는 불순물을 포함하지 않는 전해 이산화망간, 양극 집전체로는 알루미늄 막대, 전해질은 사불화붕산리튬($LiBF_4$) 등을 포함하는 유기용매입니다.

음극에서는 리튬이 전해질에 용출되어 산화반응이 일어나고, 양극에서는 망간이 +4가에서 +3가로 환원반응이 일어납니다. 이산화망간-리튬전지는 공칭 전압이 3V로 높고, **방전이 끝날 때까지 일정하게 유지되며, 실온에서 약 10년간 보존할 수 있습니다.**

> 음극: $Li \rightarrow Li^+ + e^-$
> 양극: $MnO_2 + Li^+ + e^- \rightarrow MnOOLi$

다양한 모양으로 활약 중

이산화망간-리튬전지의 모양은 동전형과 원통형이 있습니다. 동전형은 많은 종류가 출시되어 있으며, 산화은전지 가격 폭등 이후 우수한 대체품으로 주목받아 현재 PC, 전자사전, 디지털 카메라 등에 널리 사용되고 있습니다. 원통형에는 **인사이드아웃 구조와 스파이럴 구조** 두 종류가 있습니다.

인사이드아웃 구조는 알칼리건전지처럼 양극 물질이 음극 물질을 감싸고 있습니다(그림 2-26). 전지 내부에 많은 물질을 저장할 수 있어 전기 용량이 크고 장시간 사용할 수 있는 것이 특징입니다. 주로 가스계량기, 화재경보기, 계측기, ETC 등에 사용됩니다.

스파이럴 구조는 얇은 시트 형태의 양극과 음극을 분리막을 사이에 두고 나선형으로 만듭니다(그림 2-27). 전극 접촉 면적이 넓어서 디지털 카메라처럼 대전류가 필요한 기기에서 주로 사용됩니다.

그림 2-26 인사이드아웃 구조

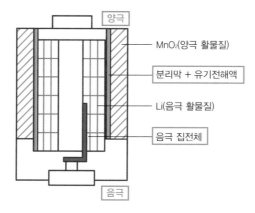

- 양극
- MnO₂(양극 활물질)
- 분리막 + 유기전해액
- Li(음극 활물질)
- 음극 집전체
- 음극

그림 2-27 스파이럴 구조

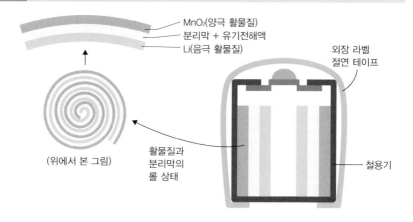

- MnO₂(양극 활물질)
- 분리막 + 유기전해액
- Li(음극 활물질)
- 외장 라벨 절연 테이프
- (위에서 본 그림)
- 활물질과 분리막의 롤 상태
- 철용기

Point

✔ 이산화망간-리튬전지는 리튬일차전지 중 가장 많은 기기에서 사용된다.

✔ 이산화망간-리튬전지의 형태는 동전형과 원통형이 있고, 원통형에는 인사이드아 웃 구조와 스파이럴 구조가 있다.

✔ 인사이드아웃 구조는 장시간 사용할 수 있고, 스파이럴 구조는 많은 전기가 필요한 기기에서 사용된다.

» 높은 내열성과 10년 이상 오래 사용할 수 있는 전지

내열성이 매우 우수한 전지 ///

이산화망간-리튬전지보다 조금 이른 1976년에 출시된 것이 **불화흑연-리튬전지**입니다. 두 전지는 크기가 같다면 거의 호환이 되며, 공칭 전압은 3V로 방전이 끝날 때까지 일정한 전압을 유지합니다. 마찬가지로 동전형과 원통형이 있고, 원통형 구조도 인사이드아웃형과 스파이럴형으로 동일합니다.

비교적 넓은 온도 범위에서 사용할 수 있는 리튬일차전지 중에서도 **불화흑연-리튬전지는 내열성이 뛰어납니다.** 일반적인 리튬일차전지의 사용 온도 범위가 영하 40도에서 60도인 데 비해, 고온 125도까지 사용할 수 있는 것도 있습니다(그림 2-28). 이처럼 고온에 강한 전지는 **자동차 장비** 등에 사용됩니다.

10년을 사용해도 거의 열화되지 않는다 ///

불화흑연-리튬전지의 구조는 음극 활물질은 리튬, 양극 활물질은 불화흑연, 전해질은 사불화붕산리튬을 함유한 유기용매를 사용합니다(그림 2-29).

음극에서는 리튬의 산화반응이 일어납니다. 양극에서는 불화흑연이 불화리튬이 되어 **탄소**가 발생합니다.

> 음극: $Li \rightarrow Li^+ + e^-$
> 양극: $Li^+ + e^- + (CF)_n \rightarrow (CF)_{n-1} + LiF + C$

탄소는 전도성이 있어 방전을 계속해도 전압이 끝까지 안정적으로 유지되는 특성이 있습니다. 게다가 불화흑연-리튬전지는 자가방전율도 낮기 때문에 전압이 안정된 상태로 10년이 지나도 거의 열화되지 않습니다. 그 때문에 IC 메모리의 백업 전원, 10년 무보수 가스자동차단 계량기 등 각종 계량기 전원으로 사용되고 있습니다.

그림 2-28 내고온성 불화흑연-리튬전지의 방전 특성

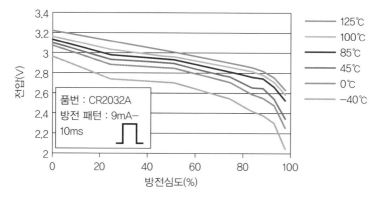

출처: 파나소닉 에너지 "내고온 동전형 리튬전지 소개"
(URL: https://industrial.panasonic.com/cdbs/www-data/pdf/AAA4000/ast-ind-210571.pdf)

그림 2-29 동전형 불화흑연-리튬전지의 구조

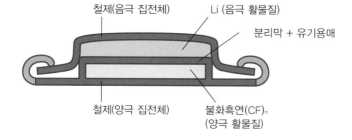

Point

✔ 불화흑연-리튬전지와 이산화망간-리튬전지는 크기가 같으면 거의 호환된다.

✔ 불화흑연-리튬전지는 내열성이 높아 125도까지 사용할 수 있는 제품도 있어 자동차 장비 등에 사용된다.

✔ 불화흑연-리튬전지는 자가방전율이 낮고, 전지 반응으로 전도성 탄소가 발생하므로 방전을 계속해도 전압이 안정적으로 유지되며 10년이 지나도 거의 열화되지 않는다.

≫ 고전압 고수명 전지

최고의 에너지 밀도를 가진 전지

에너지 밀도가 높은 **염화티오닐-리튬전지**는 방전 말기까지 거의 공칭 전압 3.6V를 유지합니다(그림 2-30). **자가방전율도 극히 낮고 방전-저장에 의한 전압 저하도 거의 없으며 10년 이상 사용이 가능**하고 영하 55~85도의 넓은 사용 온도 범위를 가집니다. 동전형, 원통형, 평형이 있으며, IC 메모리 및 전자기기 백업용, 화재경보기, 전력 및 가스, 수도 계량기 등에 내장됩니다. 또한 높은 신뢰성이 요구되는 의료, 금전출납기, 우주, 항공, 해양 등 특수 전원에도 사용됩니다.

액체 양극 활물질이 전해질을 겸한다

염화티오닐-리튬전지는 음극 활물질로 리튬, 양극 활물질로 상온 액체 상태의 염화티오닐($SOCl_2$)을 사용합니다(그림 2-31). 양극 활물질이 전해질을 겸하며, 리튬알루미늄 클로라이드($LiAlCl_4$)를 용해시켜 전해질 용액으로 사용하고 유기용매를 사용하지 않습니다. 또한 염화티오닐은 공기 중에서 쉽게 분해되므로 완전 밀폐 구조로 되어 있습니다.

음극에서는 리튬의 산화반응이 일어납니다. 양극에서는 염화티오닐과 리튬에서 **염화리튬**, 황, 이산화황이 생성되는 반응이 일어납니다.

음극: $Li \rightarrow Li^+ + e^-$
양극: $2SOCl_2 + 4Li^+ + 4e^- \rightarrow 4LiCl + S + SO_2$

전해질에 포함된 염화티오닐과 음극의 리튬이 접촉면에서 단락이 일어날 것 같지만, 실제로는 리튬 표면에 형성된 고체 염화리튬 **피막**이 분리막 역할을 하여 자가 방전을 방지합니다. 이전에는 이 피막이 원인이 되어 방전을 시작할 때 일시적으로 전압이 낮아지는 문제가 있었으나 현재는 해결됐습니다.

그림 2-30 염화티오닐-리튬전지의 방전 특성

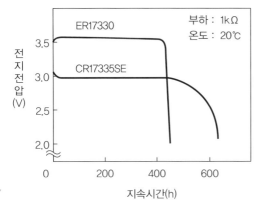

ER17330

부하 : 1kΩ
온도 : 20℃

CR17335SE

전지전압(V)

3.5
3.0
2.5
2.0

0   200   400   600

지속시간(h)

출처: 일반사단법인 전지공업회 월간 기관지
"전지" 2008년 3월 1일자 (URL: https://
www.baj.or.jp/public_relations/denchi/
gu58lf0000000dt2-att/denchi0803.pdf)
※ER17330은 염화티오닐-리튬전지,
CR17335SE는 이산화망간-리튬전지이다.

그림 2-31 염화티오닐-리튬전지의 구조

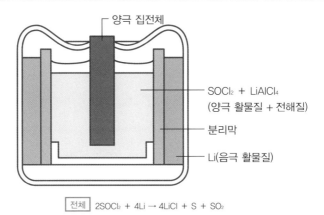

양극 집전체

SOCl₂ + LiAlCl₄
(양극 활물질 + 전해질)

분리막

Li(음극 활물질)

전체 2SOCl₂ + 4Li → 4LiCl + S + SO₂

Point

✔ 염화티오닐-리튬전지는 공칭 전압이 3.6V로 전지 중에서 가장 높으며 방전 말기까지 일정하고, 자가방전율도 극히 낮다. 방전 및 저장에 의한 전압 저하가 거의 없다.

✔ 양극 활물질로 상온에서 액체 상태인 염화티오닐(SOCl₂)이 전해질을 겸하며, 다른 리튬일차전지와 달리 유기용매를 사용하지 않는다.

✔ 음극 활물질인 리튬 표면에 형성된 고체 염화리튬 피막이 분리막으로 작용해 자가방전을 방지한다.

» 심박조율기에서 활약하는 전지

안정성이 높아 의료용으로 활약

높은 안전성을 인정받아 모든 인공 심박조율기에 사용되는 것이 **요오드-리튬전지**(리튬-요오드전지)입니다. 요오드-리튬전지는 동전형과 원통형이 있으며, **방전 말기까지 일정한 전압을 유지하며 작동 온도는 영하 55도에서 85도까지로 폭넓은 범위에서 사용**할 수 있습니다(그림 2-32).

전지반응으로 분리막을 겸한 전해질 탄생

요오드-리튬전지의 구조는 단순합니다. 음극 및 음극 활물질로 리튬을 사용하고, 양극 활물질로 요오드와 폴리비닐피리딘의 혼합물을 사용합니다(그림 2-33). 다음 화학식은 양극과 음극에서의 산화 및 환원반응입니다. 음극에서는 다른 리튬일차전지와 마찬가지로 리튬의 산화반응이 일어나고, 양극에서는 요오드의 환원반응이 일어납니다.

음극: $Li \rightarrow Li^+ + e^-$

양극: $I_2 + e^- \rightarrow 2I^-$

전체: $2Li + I_2 \rightarrow 2LiI$

리튬 표면에 요오드가 접촉하면 고체 상태의 **요오드화 리튬**이 생성되며, 이것이 분리막 역할을 하는 전해질로 작용합니다. 따라서 접촉면에서 직접 전자를 주고받는 단락(내부 단락)도 발생하지 않습니다.

더욱 획기적인 점은 전해질이 고체라는 점입니다. 전지 내부에 액체를 포함하지 않기 때문에 액이 샐 염려가 없습니다. 요오드-리튬전지는 일차전지이므로 고체 전해질을 사용한 이차전지인 전고체전지(4-16)와는 다른 종류입니다.

그림 2-32 | 요오드-리튬전지의 방전 특성

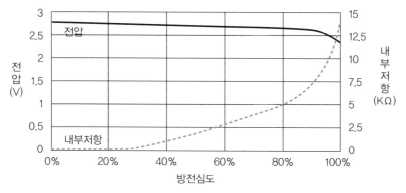

출처: 일반재단법인 일본기기치료연구소 "심박조절기 전용 전지의 등장"
(URL: http://square.umin.ac.jp/J-RIDT/medical/engnrng4.htm)

그림 2-33 | 요오드-리튬전지의 구조

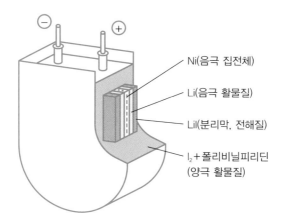

- Ni(음극 집전체)
- Li(음극 활물질)
- LiI(분리막, 전해질)
- I_2＋폴리비닐피리딘 (양극 활물질)

Point

✔ 요오드-리튬전지는 안전성이 높아 모든 인공심장 심박조절기에 사용된다.

✔ 요오드-리튬전지는 단락이 발생하지 않고 누액 걱정이 없어 안전성이 높다.

✔ 요오드-리튬전지는 전해질이 고체이지만 일차전지이기 때문에 이차전지인 전고체 전지와는 다른 종류이다.

≫ 건전지보다도 오래가는 전지

시중에 판매되는 유일한 1.5V 리튬일차전지

대부분 리튬일차전지의 공칭 전압은 3V 이상으로, 기존 1.5V 전지를 대체하고자 다양한 양극 활물질을 이용한 연구가 진행됐습니다(그림 2-34). 여기서는 현재 생산 및 판매되고 있는 **황화철-리튬전지**와 한때 판매됐던 **산화구리-리튬전지**에 관해 설명하겠습니다.

고용량이면서 장기보존성이 뛰어난 1.5V 리튬전지를 찾아 연구 개발에 성공한 것이 황화철-리튬전지입니다. 황화철-리튬전지의 구조적 특징은 양극 활물질로 **이황화철**을 젤라틴으로 코팅해서 사용하는 것입니다. 전해질은 리튬염을 용해시킨 유기용매입니다. **알칼리건전지보다 약 7배 더 오래가고 무게는 2/3 정도이며 −40도~60도의 넓은 온도 범위에서 사용**할 수 있습니다. 온도 21도, 습도 50%에서 사용하면 15년 동안 보존할 수 있습니다.

다음은 음극과 양극의 화학 반응입니다. 음극에서는 리튬의 산화반응이, 양극에서는 이황화철의 환원반응이 일어납니다.

음극: $Li \rightarrow Li^+ + e^-$

양극: $FeS_2 + 4Li^+ + 4e^- \rightarrow Fe + 2Li_2S$

한동안 출시되던 1.5V 리튬일차전지

은 가격의 급등으로 인해 산화은전지의 대체품으로 개발된 것이 산화구리-리튬전지입니다. 양극 활물질로 산화구리를 사용하고, 전해질로는 리튬염을 용해시킨 유기용매를 사용했습니다. 전기 용량은 산화은전지와 같거나 10%가량 더 크고, 지속 특성도 웃돌았습니다. 그러나 저온에서 단기간, 순간적으로 흐르는 펄스 전류의 특성에 문제가 있어, 현재는 생산이 중단됐습니다(그림 2-35).

<table>
<tr><td></td></tr>
</table>

그림 2-34 1.5V 리튬일차전지 양극 활물질의 이론전압

음극 활물질	양극 활물질	이론전압(V)
Li	CuO	2.24
	FeS_2	1.75
	Pb_3O_4	2.21
	Bi_2O_3	2.04

출처: 후쿠다 코헤이 "전지의 모든 것을 한눈에 알 수 있다"(기술평론사, 2013) p.91

그림 2-35 산화구리-리튬전지의 방전 특성

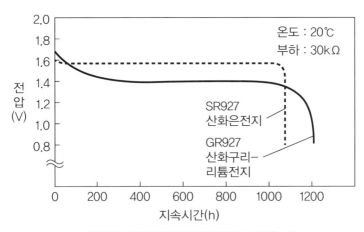

출처: 우메오 요시유키 "새로운 전지의 과학" (고단샤, 2006) p.116

Point

✔ 기존 1.5V 전지의 대체품으로 다양한 양극 활물질을 이용한 리튬일차전지가 연구되고 있다.

✔ 황화철-리튬전지는 양극에 이황화철을 사용해 알칼리건전지보다 약 7배 더 오래가고 무게는 2/3 수준이며 영하 40도에서 60도까지의 폭넓은 온도 범위에서 사용할 수 있다.

✔ 산화구리-리튬전지는 저온에서 펄스 전류 특성에 문제가 있어 현재는 생산이 중단됐다.

≫ 알칼리건전지보다 17배 오래가는 전지

알칼리건전지보다 오래가던 전지

니켈건전지는 2002년 당시 알칼리건전지의 개량품으로 등장했습니다. 디지털 카메라 등 높은 전류가 필요한 디지털 기기를 사용할 때 상온에서 알칼리건전지보다 약 5배(AA형 4개 사용 시), 알칼리건전지에서 문제가 됐던 **저온(기온 0도)에서도 알칼리건전지의 약 17배나 오래 지속되는 차세대 전지**로 주목받았습니다(그림 2-36).

알칼리건전지와 유사한 구조

니켈건전지의 구조는 알칼리건전지 양극의 이산화망간을 **옥시수산화니켈**($NiOOH$)로 대체한 것과 같습니다(그림 2-37). 음극 활물질은 아연, 양극 활물질은 옥시수산화니켈, 전해질은 수산화칼륨입니다.

음극에서는 아연의 산화반응이 일어나고 양극에서는 니켈이 +3가에서 +2가로 환원반응이 일어납니다.

음극: $Zn + 2OH^- \rightarrow ZnO + H_2O + 2e^-$

양극: $NiOOH + H_2O + e^- \rightarrow Ni(OH)_2 + OH^-$

알칼리건전지와의 호환성 문제

니켈건전지의 공칭 전압은 1.5V로 알칼리건전지와 같았지만, **초기 전압**이 1.7V로 알칼리건전지의 1.6V보다 높았습니다. 그로 인해 기기에 따라 발열이나 작동 불량, 고장이 발생하는 경우가 있었습니다. 이렇게 활로를 잃은 니켈건전지는 2007년에 생산이 중단됐습니다.

그림 2-36 니켈계 일차전지의 방전 특성

방전 특성

도시바 Allegretto PDR-M60(촬영 컷수 비교)

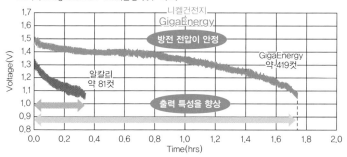

니켈건전지
GigaEnergy

방전 전압이 안정

알칼리
약 81컷

GigaEnergy
약 419컷

출력 특성을 향상

Voltage(V)

Time(hrs)

출처: PC Watch "도시바전지, 니켈건전지 'GigaEnergy'를 2002년 3월 투입"
(URL: https://pc.watch.impress.co.jp/docs/article/20011205/toshiba.htm)

그림 2-37 니켈건전지의 구조

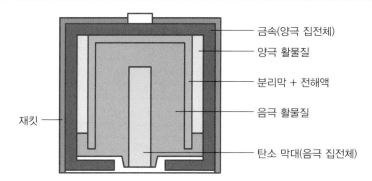

금속(양극 집전체)

양극 활물질

분리막 + 전해액

음극 활물질

탄소 막대(음극 집전체)

재킷

Point

✔ 2002년 출시 당시 니켈건전지는 알칼리건전지보다 특히 저온에서 오래 사용할 수 있어 알칼리건전지를 대체할 수 있는 우수한 대체품으로 주목받았다.

✔ 니켈건전지의 구조는 알칼리건전지의 양극에 있는 이산화망간을 옥시수산화니켈로 대체한 것이다.

✔ 니켈건전지의 초기 전압이 알칼리건전지보다 높기 때문에 알칼리건전지와 호환성이 없는 기기에서는 발열이나 고장 등의 문제를 일으켰다.

≫ 대용량으로 일정 전압을 유지하는 전지

알칼리건전지를 대체할 수 있을까?

옥시라이드 건전지는 2004년 당시 알칼리건전지보다도 용량이 큰 전지로서 등장했습니다(그림 2-38). 특히 **대전류가 필요한 디지털 카메라의 플래시 촬영에서는 촬영 컷수가 2배로 늘어나고, 방전이 종료될 때까지 완만하게 전압을 유지하는 특성이 있었습니다**(그림 2-39). 출시 당시에는 알칼리건전지 시장의 90%를 대체할 것으로 예상됐습니다.

옥시라이드 건전지는 음극 활물질로 아연, 양극 활물질로 옥시수산화니켈과 이산화망간, 흑연의 혼합물, 전해질로 수산화칼륨을 사용합니다. 음극에서는 아연의 산화반응이 일어나며, 양극에서는 니켈이 +3가에서 +2가로, 망간이 +4가에서 +3가로 변화하는 환원반응이 일어납니다.

음극: $Zn + 2OH^- \rightarrow ZnO + H_2O + 2e^-$

양극: $NiOOH + H_2O + e^- \rightarrow Ni(OH)_2 + OH^-$

$MnO_2 + H_2O + e^- \rightarrow MnOOH$

호환성 문제

옥시라이드 건전지의 문제는 니켈건전지와 마찬가지로 초기 전압이 1.7V로 높다는 것이었습니다. 이 때문에 기기의 발열과 수명 저하 등을 일으켜 사용이 금지되는 기기가 나타났습니다.

또한 저전류에서의 지속시간은 오히려 알칼리건전지가 더 길어서, 디지털 카메라나 미니카 등으로 용도가 한정되어 버렸습니다. 게다가 디지털 카메라의 소비전력은 점점 낮아졌고, 일부 미니카 대회에서는 옥시라이드 건전지가 금지되는 등 사용 분야가 점점 줄어들게 됐습니다. 그리고 2008년 **고성능 알칼리건전지**가 등장하면서 옥시라이드 건전지는 설 자리를 잃었고 2009년 생산이 중단됐습니다.

그림 2-38 파나소닉의 옥시라이드 건전지와 2004년 당시의 알칼리건전지 비교

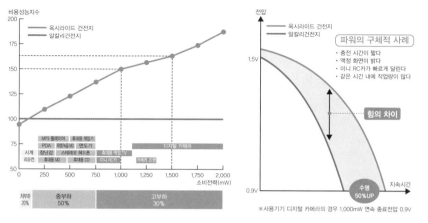

출처: 키지모토 마사야 "파나소닉의 차세대 건전지 '옥시라이드 건전지' 등장!!"
(URL: https://ad.impress.co.jp/tie-up/2004/panasonic_oxyride0404/index.htm)

그림 2-39 옥시라이드 건전지 실증 실험

	옥시라이드 건전지	(당시) 알칼리건전지
스트로보 실증실험[1]	6초 61	10초 4
디지털카메라 실증실험[2]	315컷	144컷

※ 1) 스트로보 200회 연속 발광하고 충전 시간 비교
※ 2) 디지털 카메라 사용 시 촬영 컷수 비교

출처: 키지모토 마사야 "파나소닉의 차세대 건전지 '옥시라이드 건전지' 등장!!"
(URL: https://ad.impress.co.jp/tie-up/2004/panasonic_oxyride0404/index.htm),
PC Watch "마쓰시타 차세대 건전지 '옥시라이드 건전지' ~알칼리 전지의 약 1.5배의 긴 수명"
(URL: https://pc.watch.impress.co.jp/docs/2004/0128/pana.htm)을 바탕으로 저자가 작성

Point

✔ 옥시라이드 건전지는 알칼리건전지의 양극 활물질이 옥시수산화니켈과 이산화망
  간, 흑연의 혼합물로 대체된 구조이다.

✔ 높은 초기 전압으로 인해 옥시라이드 건전지의 용도는 디지털 카메라, 미니 RC카
  로 한정됐다.

✔ 고성능 알칼리건전지의 등장으로 옥시라이드 건전지는 생산이 중단됐다.

≫ 물을 이용하는 전지

장기 보관할 수 있는 방재 용품 //

비상시 정전이 되면 전지가 큰 역할을 하므로 평소에 여분의 전지를 준비해 두는 것이 좋습니다. 하지만 사용 권장 기한이 지난 전지는 자가 방전으로 인해 쓸 수 있는 전기 양이 점점 줄어들게 됩니다. 그래서 동일본 대지진이 일어난 2011년에 방재 용품으로 등장한 것이 장기 보관할 수 있는 **물전지**입니다. **AA형으로 일반 건전지처럼 보이지만, 미개봉 상태에서 20년간 장기 보관이 가능합니다.**

물전지의 구조는 음극 활물질에 **마그네슘 합금**, 양극 활물질에 활성탄이나 이산화망간 등을 중심으로 한 분말 형태의 발전 물질을 사용합니다. 이 부분에 주입구를 통해 부속 스포이트로 물을 주입하면 발전 물질이 물을 흡수하고, 이 물 자체가 전해질이 되어 방전이 시작됩니다(그림 2-40). 물전지처럼 물을 주입하여 사용하는 전지를 **주수전지**라고 합니다.

음극: $Mg \rightarrow Mg^{2+} + 2e^-$
양극: $2H_2O + 2e^- \rightarrow H_2 + 2OH^-$

다루기 쉬운 설계 //

물전지는 물뿐만 아니라 주스, 맥주, 타액으로도 발전할 수 있습니다(그림 2-41). 한 번에 주입하는 물 양은 약 0.5~1ml 정도이고, 전지를 쉽게 하면서 물을 주입하면 3~5회 사용할 수 있습니다. 전지 용량은 망간건전지와 동일하며, 비상시에 사용하는 LED 손전등이나 AM/FM 라디오 같은 저전류 제품에 적합합니다. 디지털 카메라와 같은 대전류 기기에는 적합하지 않습니다.

사용하지 않을 때의 무게는 100개당 1.5킬로그램으로, 일반 전지(100개당 2.3킬로그램)보다 가벼워 대량 비축에도 편리합니다. 수은 등의 **유해물질을 포함하고 있지 않아 사용 후에는 불연성 쓰레기로 처리할 수 있습니다.**

그림 2-40 물전지 사용 방법

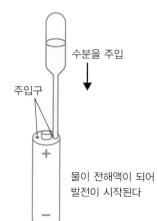

수분을 주입

주입구

특징

• 동일본 대지진이 일어난 2011년에 등장
• 미개봉 상태라면 20년 보관 가능

물이 전해액이 되어
발전이 시작된다

그림 2-41 물전지의 특징

물 이외의 수분으로도
발전 가능

유해물질을 포함하지
않아 친환경적이고
불연성 폐기물로 처리

비상용

비축용

장기 보관할 수 있어
재해 시에 안심

Point

✔ 물전지의 주입구에 스포이트로 0.5~1㎖ 정도의 물을 넣으면 발전 물질이 수분을 흡수하여 물 자체가 전해질이 되어 방전이 시작된다.

✔ 물전지는 언뜻 보면 일반 AA건전지처럼 보이지만 미개봉 상태에서 20년 장기 보관할 수 있다.

✔ 수은 등 유해물질이 포함되지 않은 물전지는 사용 후 불연성 폐기물로 처리할 수 있다.

» 해수를 이용한 전지

바닷물을 주입하면 전지가 된다

해수를 주입하거나 해수에 담가서 방전하는 전지를 **해수전지**라고 합니다. **마그네슘 주수전지**는 양극 활물질에 따라 몇 가지로 분류되지만, 대부분 해수전지입니다(그림 2-42). 음극 활물질로 마그네슘 또는 마그네슘 합금이 사용되며, 주요 양극 활물질로는 염화은, 염화납, 염화제일구리, 과황산칼륨, 해수에 포함된 용존산소 등이 사용됩니다. 이 중에서 양극 활물질로 염화제일구리를 사용한 염화구리 주수전지만 물을 주입하여 방전시키는 물전지입니다.

마그네슘 주수전지는 전해액이 들어 있지 않은 건조 상태로 보관되며, **사용할 때 해수를 주입하거나 해수에 담가서 해수 자체를 전해질로 사용합니다**. 다음과 같이 양쪽극에서 산화환원반응이 일어나며, 짧은 시간에 높은 전압을 낼 수 있습니다.

음극: $Mg \rightarrow Mg^{2+} + 2e^-$

양극: $2H_2O + 2e^- \rightarrow H_2 + 2OH^-$

바다에서 대활약하는 마그네슘 주수전지

해수를 주입하는 특성으로 인해 마그네슘 주수전지는 바다 위나 바다 속에서 소전류 기기를 장시간 사용할 때 활약합니다. 구체적으로는 해상구명등, 해양관측기, 해상표시등, 부표등, 어업용 어등, 뇌관, 소노부이(음파탐지부표) 등에 사용되고 있습니다(그림 2-43). 선박이 침수됐을 때 자동으로 신호를 보내는 비상신호 발신장치의 전원으로도 사용됩니다.

그림 2-42 마그네슘 주수전지의 종류

	염화은 해수전지	염화납 해수전지	염화구리 주수전지	과황산칼륨 해수전지	용존산소 해수전지
양극 활물질	염화은	염화납	염화구리	과황산칼륨	산소
음극 활물질	마그네슘 또는 마그네슘 합금				
개로전압/V	1.6	1.2	1.5	2.4	1.34
동작전압/V	1.1~1.5	0.9~1.05	1.2~1.4	1.6~2.0	1.0~3.0
전해액	해수	해수	물	해수	해수
방전시간	수분~100h	1~20h	0.5~10h	10~100h	3000~10000h

출처: 이타코 카즈타카, 쿠도 츠구토무 "이것만! 전지"(슈와 시스템, 2015년) p.65

그림 2-43 마그네슘 주수전지의 용도

| 재해 시 | 정전 시 | 해상표시등 | 부표등 |

| 레저, 야외 | 어업용 집어등 | 선박긴급신호 |

도시나 산에서 사용   **바다에서 사용**

Point

✓ 마그네슘 주수전지에는 몇 종류가 있으며, 대부분 해수를 이용하는 전지로 해수전 지라고 한다.

✓ 양극 활물질로 염화제일구리를 사용한 염화구리 주수전지는 물을 주입하여 방전 시키므로 물전지이다.

✓ 해수를 주입하는 특징 때문에 마그네슘 주수전지는 해상구명등, 해양관측기 등 해 상 및 해중에서 사용하는 기기에 사용된다.

≫ 장기 보관할 수 있는 전지

분리막으로 장기 보관할 수 있는 구조

사용 권장 기한이 지난 전지는 자가 방전을 일으켜 시간이 지날수록 쓸 수 있는 전기 양이 줄어듭니다. 그래서 **전지 내부에서 활물질과 전해질이 접촉하지 않도록 분리막으로 분리하여 전류가 흐르지 않는 상태로 만들어 놓으면, 자가 방전이 방지되어 장기간 보관**할 수 있습니다. 이렇게 전지 내부의 양극과 음극이 전기적으로 절연 상태가 되도록 설계된 전지를 리저브전지^{Reserve Battery}(비축전지)라고 합니다. 물전지(2-19)나 해수전지(2-20)도 **리저브전지**의 일종입니다(그림 2-44).

이 외에도 산화은-아연전지처럼 가스 발생 스위치로 전해액을 주입하는 전해액활성 리저브전지, 외부에서 충격이나 고속 회전을 가해 전지 내부를 접촉시키는 회전활성 리저브전지가 있습니다. 또한 우주 및 항공 분야에서 사용되는 **용융염전지**도 고온에서 전해질이 녹아 활성화되는 리저브전지의 한 종류입니다.

전해질을 가열해서 사용하는 열활성 비축전지

열을 전기로 변환하는 열기전력전지(열전지, 6-6)와는 다르지만, 용융염전지도 열을 이용하기 때문에 열전지라고도 불립니다.

용융염전지^{Molten-Salt Battery}는 사용 시 전지 내부의 **발열재**에서 얻은 열로 전해질을 녹여 큰 전류를 흐르게 할 수 있는 전지입니다. **자가 방전이 거의 없도록 설계되어, 미사용 상태에서 약 20년 이상 보관**할 수 있습니다. 또한, **영하의 저온부터 80도 정도의 고온에 이르는 넓은 온도 범위에서 사용할 수 있고, 내진성 및 내충격성이 뛰어나다**는 특징이 있습니다.

음극 활물질로는 리튬 합금, 양극 활물질로는 이황화철, 전해질로는 염화칼륨과 염화리튬의 용융염이 사용됩니다(그림 2-45). 점화기에 전류가 흐르면 발열재가 발화하여 전지 내부에서 열이 발생합니다. 이 열로 인해 전해질이 녹고 양극과 음극에서 화학 반응이 일어나 전류가 흐릅니다. 용융염 일차전지는 로켓 발사용 전원, 항공기 비상 탈출용, 항공 및 수중용 비상 전원 등 높은 신뢰성과 큰 전류가 요구되는 분야에서 활약하고 있습니다.

그림 2-44 리저브전지의 종류

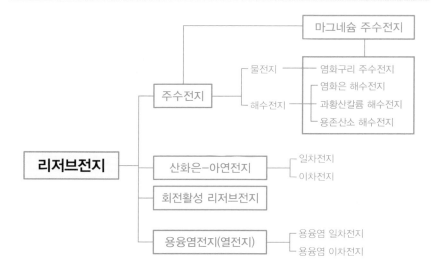

그림 2-45 용융염 일차전지 구조

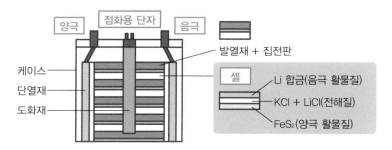

Point

✔ 전지 내부의 양극과 음극을 전기적으로 절연된 상태가 되도록 설계하여 미사용 상
   태로 장기간 보관할 수 있게 만든 전지를 리저브전지라고 부른다.

✔ 리저브전지에는 물전지, 마그네슘 주수전지, 산화은-아연전지, 회전활성 리저브전
   지, 용융염전지가 있다.

✔ 용융염 일차전지는 전지 내부에서 발생시킨 열로 전해질을 녹여 양극과 음극의 화
   학 반응을 진행시켜 큰 전류를 흐르게 할 수 있다.

레몬 등 신맛이 나는 과일을 전해질로 삼아 구리와 아연 두 금속을 꽂으면, 볼타전지 (1-6)와 같은 구조가 됩니다. 레몬뿐만 아니라 오렌지, 자몽 등 감귤류, 다른 과일이나 채소도 전해질로 시도해 봅시다. 어떤 것들이 전해질이 될 수 있는지 알 수 있습니다.

금속을 꽂았던 과일이나 채소에 전기가 통하면 금속이 용출됩니다. 실험에 사용한 과일이나 채소는 먹지 마세요.

준비물

- 레몬(오렌지, 자몽 등 감귤류 과일)
- 아연판
- 구리판
- 실험용 소형 발광 다이오드(또는 실험용 전자 오르골)
- 리드선

실험 방법

① 레몬을 반으로 자르고 아연판과 구리판을 깊숙이 끼워 넣습니다. 구리판과 아연판은 적당한 크기로 자른 것을 사용합니다.

② 발광 다이오드의 음극을 아연판에, 양극을 구리판에 연결해 발광 다이오드가 켜지는지 확인합시다. 불이 들어오지 않으면 레몬 개수를 늘려 보세요.

③ 다른 과일이나 채소로 똑같이 실험해 보고 밝기 차이 등을 확인해 봅시다. 또한, 전압 측정기 등이 있다면 전압을 측정해 보세요.

음극 Zn / 양극 Cu

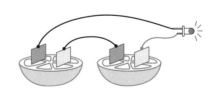

반복해서 사용할 수 있는 전지

사회를 지탱하는 이차전지(축전지)

Battery

≫ 전기를 저장하는 전지

충전해서 재사용한다 //

이차전지(축전지)의 기본 구조는 일차전지와 같이 양극과 음극, 전해질로 구성되어 있으며, 산화환원반응을 이용하여 전기를 꺼내서(**방전**) 사용합니다. 일차전지는 한번 방전하면 더 사용할 수 없지만, 이차전지는 여러 번 **충전**하여 반복해서 사용할 수 있어 편리합니다.

외부 전원으로 전자를 원래 상태로 되돌린다 //

일차전지와 마찬가지로 이차전지도 방전할 때 음극 활물질은 산화반응에 의해 전자를 방출하여 산화되고, 양극 활물질은 환원반응에 의해 전자를 흡수하여 환원됩니다 (그림 3-1).

반면, 충전할 때는 '외부의 강제력'인 외부 전원으로 음극 활물질에 전자를 밀어넣습니다. 그 결과, 음극 활물질은 환원되어 원래 상태로 돌아갑니다. 양극 활물질에서는 외부 전원에 의해 전자가 빠져나가는 산화반응을 통해 원래 상태로 되돌아갑니다. 이처럼 충전할 때는 방전과 완전히 다른 역반응이 일어납니다.

외부 전원을 저장한다 //

이차전지를 충전하려면 외부 전원의 양극 단자를 이차전지의 양극에, 음극 단자를 음극에 연결합니다. 그러면 **방전 시 회로에 흐르는 전류의 방향과 반대로 전류가 흐르게 됩니다.**

참고로 이차전지가 발명된 19세기 초에는 요즘처럼 전원 콘센트에서 외부 전원을 공급받을 수 없었기 때문에 이차전지를 충전하기 위해 다니엘전지 등을 사용했습니다. 그래서 충전할 때 사용하는 전지를 일차전지, 충전되는 전지를 이차전지라고 부르게 됐습니다.

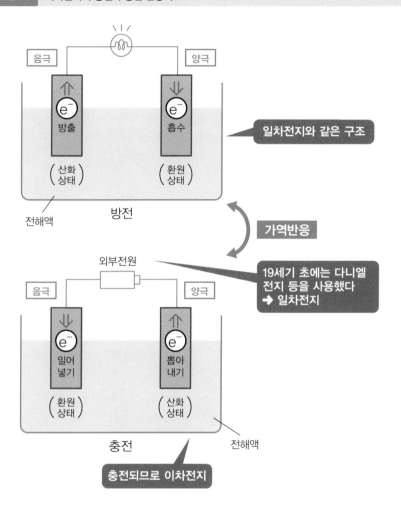

그림 3-1 이차전지의 방전과 충전 반응 구조

음극

양극

e⁻
방출

e⁻
흡수

(산화)
상태

(환원)
상태

전해액

방전

일차전지와 같은 구조

가역반응

**19세기 초에는 다니엘 전지 등을 사용했다
➡ 일차전지**

외부전원

음극

양극

e⁻
밀어
넣기

e⁻
뽑아
내기

(환원)
상태

(산화)
상태

충전

전해액

충전되므로 이차전지

Point

✔ 일차 및 이차전지의 기본 구조는 같지만, 일차전지는 방전만 할 수 있고 이차전지는 방전과 충전을 반복할 수 있다는 차이가 있다.

✔ 방전 시에는 음극에서 산화반응, 양극에서 환원반응이 일어나고, 충전 시에는 정반대로 음극에서 환원반응, 양극에서 산화반응이 일어난다.

✔ 외부 전원의 양극 단자를 이차전지의 양극에, 음극 단자를 음극에 연결하면 방전 시 회로에 흐르는 전류 방향과 반대로 전류가 흐른다.

≫ 이차전지의 분류

용도에 따른 분류 //

그림 3-2처럼 이차전지의 종류는 매우 다양합니다. 이차전지를 용도에 따라서 분류해 보면 그 다양한 활약상을 알 수 있습니다. 구체적으로 PC, 스마트폰, 휴대형 모바일 전자기기 등의 **민생용**, 전기자동차 등의 **차량용**, 가정이나 시설 등에 설치하는 **정치용** 등 크게 3가지로 나뉩니다(그림 3-3).

민생용 전지에는 니켈-카드뮴전지(3-7), 니켈-수소전지(3-13), 그리고 리튬이온전지(4장) 등 일상생활에서 흔히 볼 수 있는 전지가 많이 포함됩니다.

차량용으로는 기존 내연기관 자동차에 탑재되는 배터리인 납축전지(3-3)가 있습니다. 차세대 자동차인 하이브리드 자동차에는 니켈-수소전지, 전기자동차에는 리튬이온전지로 PC나 스마트폰과 같은 종류의 전지가 사용됩니다.

또한 가정이나 병원, 상업 시설 등에는 비상시를 대비해 정치용 리튬이온전지 등이 사용됩니다. 기타 정치용으로는 태양광 발전이나 풍력 발전 등 재생에너지로 생산된 전기를 저장하기 위한 대형 이차전지로 NAS전지(3-16)나 레독스흐름전지(3-19) 등이 있습니다.

민생용 이차전지의 분류 //

민생용 전지를 다시 분류하면 알칼리성 전해액과 니켈계 전극을 사용한 알칼리계와 리튬이온을 사용한 리튬계로 나뉩니다(그림 3-4).

알칼리계 이차전지에서는 메모리 효과(3-5)가 발생하지만, 리튬이온계에서는 발생하지 않는다는 차이가 있습니다.

그림 3-2 이차전지의 종류

그림 3-3 용도에 따른 분류

그림 3-4 민생용 이차전지의 분류

Point

✔ 이차전지는 용도에 따라 PC, 스마트폰 등에 사용하는 민생용, 전기자동차 등에 탑재되는 차량용, 시설 등에 설치되는 정치용으로 구분할 수 있다.

✔ 정치용은 가정이나 병원 · 상업시설 등에서 비상용으로 사용하는 전지와 태양광, 풍력발전 등 재생에너지로 생산된 전기를 저장하는 전지가 있다.

✔ 민생용 전지는 알칼리성 전해액과 니켈계 전극을 이용하는 알칼리계, 리튬이온을 이용하는 리튬계로 분류할 수 있다.

≫ 가장 역사가 오래된 이차전지

자동차 배터리는 세계 최초의 이차전지 \\

세계 최초의 이차전지는 1859년 프랑스의 가스통 플랑테$^{Gaston\ Planté}$가 발명한 **납축전지**(플랑테전지)입니다. 이는 건전지가 등장하기 약 30년 전에 발명됐으며, 무려 160여 년이 지난 현재에도 개량된 제품이 자동차 **배터리**나 산업용 장비의 동력원 등으로 계속 사용되고 있습니다. 플랑테는 두 개의 납판 사이에 절연용 고무 테이프를 끼워 원통형으로 만든 것을 황산수용액에 넣어 충방전을 반복하면서 납과 이산화납 전극을 가진 전지를 완성했습니다(그림 3-5).

+4가의 납이온은 +2가에서 안정 \\

현재 납축전지는 음극 활물질로 납(Pb), 양극 활물질로 이산화납(PbO_2), 전해질로는 황산, 그리고 분리막으로 이루어집니다(그림 3-6). 납축전지는 **이산화납을 구성하는 +4가 납이온이 +2가에서 안정화되는 성질을 이용**한 것입니다. 전지가 방전되면 음극에서는 음극 활물질인 납이 용출되어 +2가 납이온이 되고, 전자가 방출되는 산화반응이 일어납니다. 납이온은 전해질인 황산이온과 결합하여 황산납으로 석출됩니다. 양극에서는 이동해 온 전자가 흡수되어 +4가에서 +2가로 환원반응이 일어나고 황산납이 석출됩니다.

> 음극: $Pb + SO_4^{2-} \rightarrow PbSO_4 + 2e^-$
> 양극: $PbO_2 + 4H^+ + 2e^- + SO_4^{2-} \rightarrow PbSO_4 + 2H_2O$
> 방전 반응 전체: $Pb + PbO_2 + 2H_2SO_4 \rightarrow 2PbSO_4 + 2H_2O$

즉, 방전을 계속하면 물이 생성되고 황산이온이 감소하므로 전해질인 황산의 농도가 낮아져 전지의 수명이 짧아집니다. 이 상태를 넘어서 계속 방전시키는 것을 과방전이라고 합니다.

그림 3-5 플랑테 납축전지의 원리

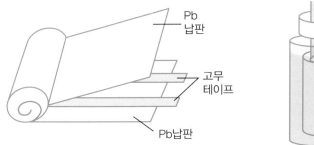

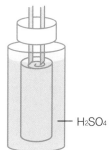

그림 3-6 납축전지의 방전 반응 구조

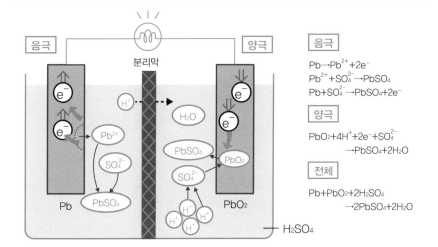

음극

$Pb \rightarrow Pb^{2+} + 2e^-$
$Pb^{2+} + SO_4^{2-} \rightarrow PbSO_4$
$Pb + SO_4^{2-} \rightarrow PbSO_4 + 2e^-$

양극

$PbO_2 + 4H^+ + 2e^- + SO_4^{2-}$
$\rightarrow PbSO_4 + 2H_2O$

전체

$Pb + PbO_2 + 2H_2SO_4$
$\rightarrow 2PbSO_4 + 2H_2O$

Point

✔ 1859년 플랑테(프랑스)가 발명한 납축전지를 개량한 전지가 현재도 자동차 배터리나 산업 기기의 동력원 등으로 사용된다.

✔ 납축전지는 음극 활물질에 납, 양극 활물질에 이산화납이 사용되며, +4가 납이온은 +2가에서 안정화되므로 방전 시 음극과 양극에서 모두 황산납이 석출된다.

✔ 납축전지를 계속 방전시키면 전지 수명이 짧아진다. 이 상태를 넘어 더 방전시키는 것을 과방전이라고 한다.

3-4
역반응, 과충전, 설페이션 현상

» 충전 가능한 전지를 영구히 사용할 수 없는 이유

충전으로 방전 전의 상태로 복귀

납축전지를 외부 전원에 연결해서 충전하면, 방전의 **역반응**이 일어납니다. 즉, 음극에서는 환원반응이 일어나 황산납이 전자를 얻어 납으로 돌아가고 황산이온을 전해질 속에 방출합니다(그림 3-7). 양극에서는 산화반응이 일어나 황산납이 전자를 방출해 전해질 속의 물과 반응하여 이산화납으로 돌아가 수소이온과 황산이온을 방출합니다. 이러한 반응을 합치면, 충전 전체 반응은 다음과 같습니다.

음극: $PbSO_4 + 2e^- \rightarrow Pb + SO_4{}^{2-}$
양극: $PbSO_4 + 2H_2O \rightarrow PbO_2 + 4H^+ + SO_4{}^{2-} + 2e^-$
충전 반응 전체: $2PbSO_4 + 2H_2O \rightarrow Pb + PbO_2 + 2H_2SO_4$

방전할 때 증가한 물은 충전할 때 감소하고, 방전할 때 감소한 황산이온은 충전할 때 증가하므로 납축전지는 방전 이전 상태로 되돌아갑니다. 또한, 이 반응식에 따라 충전이 진행되면 황산납이 없어지고, 더 충전해서 **과충전**되면 물을 전기분해해버린다는 것을 알 수 있습니다(3-6).

배터리가 다 되다 - 납축전지의 열화 원인

충전을 통해 방전 전과 같은 상태로 돌아오는 납축전지를 보면, 영원히 계속 사용할 수 있을 것처럼 보일지도 모릅니다. 하지만 실제로는 방전 시에 형성된 하얗고 단단한 황산납 결정으로 전극이 덮이는 **설페이션 현상**Sulphation이 일어납니다(그림 3-8). 막 석출된 황산납은 부드러워, 충전하면 화학 반응을 일으키고 음극은 납, 양극은 이산화납으로 돌아갑니다. 하지만, 이 황산납을 오래 방치하거나 과방전하면 결정화되어 단단해지고, 화학 반응이 일어나지 않게 됩니다. 즉, 전극에 전류가 흐르지 않아 충전할 수 없게 되고, "배터리가 다 됐다"라고 하는 열화 상태가 되는 것입니다.

그림 3-7 납축전지의 충전 반응 구조

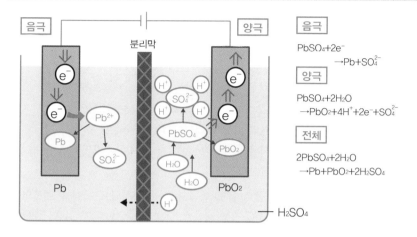

음극

$PbSO_4 + 2e^-$
$\rightarrow Pb + SO_4^{2-}$

양극

$PbSO_4 + 2H_2O$
$\rightarrow PbO_2 + 4H^+ + 2e^- + SO_4^{2-}$

전체

$2PbSO_4 + 2H_2O$
$\rightarrow Pb + PbO_2 + 2H_2SO_4$

그림 3-8 설페이션 현상

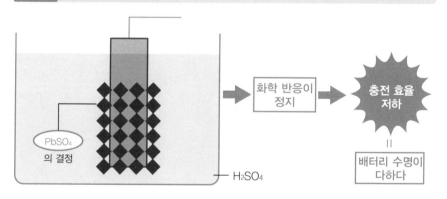

화학 반응이
정지

충전 효율
저하

=

배터리 수명이
다하다

Point

✔ 충전한 납축전지에서는 방전과 반대되는 화학 반응이 일어나 양극에는 이산화납이, 음극에는 납이 돌아와 방전 전 상태로 돌아간다.

✔ 납축전지 열화의 가장 큰 원인은 방전 시 침전되어 전극에 부착된 황산납의 결정화이다. 이 현상을 설페이션 현상이라고 한다.

✔ 장시간 방치 또는 과방전으로 인해 전극에 전류가 흐르지 않으면 충전이 불가능해지고 전지가 열화되어 수명이 다한 상태가 된다.

≫ 배터리의 종류

큰 전류가 흐르는 납축전지 //

납축전지는 사용 목적에 따라 전극판 내부 구조가 다르며 용도에 따라 구분해서 사용합니다. 그 중 하나가 자동차용으로 가장 많이 사용되는 **페이스트식**(엔진 시동용 배터리, 스타터 배터리)으로, 자동차 엔진에 시동을 거는 것처럼 **순간적으로 큰 전기를 흘려보내는 목적**으로 사용됩니다(그림 3-9).

페이스트Paste식 전극의 구조는 납이나 납 합금으로 만든 전극으로 격자 모양의 골조를 만들고, 거기에 납 분말 등 활물질을 페이스트 상태로 도포한 것입니다. 격자형 골조는 집전체 역할을 하며, 활물질이 전해액과 접촉하는 표면적이 크기 때문에 한 번에 큰 반응을 일으켜서 대전류를 내보낼 수 있습니다. 페이스트식 전극판은 양극과 음극 양쪽에서 사용됩니다.

계속 전류가 흐르는 납축전지 //

반면에, **클래드식**(EB 배터리, 딥사이클 배터리) 전극은 양극에서만 사용됩니다(그림 3-10). 클래드Clad식 전극의 구조는 유리섬유로 만든 튜브에 집전체인 납합금 심금을 끼워넣고 그 사이에 활물질을 채워 넣은 것입니다. 진동과 충격에 강해서 공장의 지게차나 비상용 백업 전원, 골프장 카트 등에서 사용됩니다.

납축전지가 오랫동안 사용되어 온 이유 /////////////////////////////////////

납축전지가 오랫동안 사용되고 있는 이유 중 하나는 전극에 사용되는 납이 저렴하기 때문입니다. 그밖에도 유지 보수가 간단하고 **메모리 효과**가 없다는 점도 큰 이유입니다. 메모리 효과란 **전지 용량이 남아 있는 상태에서 충전을 반복하면, 아무리 충전해도 방전 중 전압이 감소하는 현상**을 말합니다.

그림 3-9 페이스트식 전극

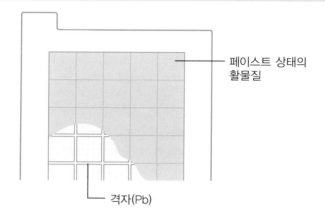

페이스트 상태의
활물질

격자(Pb)

그림 3-10 클래드식 전극

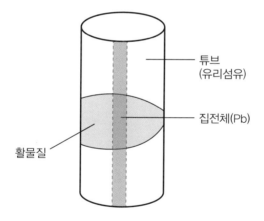

튜브
(유리섬유)

집전체(Pb)

활물질

Point

✔ 자동차 엔진 등 순간적으로 큰 전기가 필요할 때 사용되는 것이 페이스트식 전극이
며 양극 및 음극으로 사용된다.

✔ 양극에만 사용되는 클래드식 전극은 진동과 충격에 강해 지게차나 비상용 백업 전
원 등에 사용된다.

✔ 전지 용량이 남은 상태에서 충전을 반복하면 아무리 충전해도 방전 시 전압이 감소
하는 현상을 보이는데, 이를 메모리 효과라고 한다.

>> 배터리의 구조

배터리와 셀

일반적인 자동차용 배터리로 사용되는 납축전지는 셀^{Cell}이라고 불리는 단전지의 조합으로 만들어집니다(그림 3-11). 셀 1개의 공칭 전압은 약 2.1V이며, 일반 자동차용 배터리는 전압이 12V 또는 24V이므로 합성수지 케이스 안에 6개 또는 12개의 셀을 직렬로 연결하여 사용합니다.

충전으로 인한 위험성 방지

납축전지는 충전이 진행되면 황산납이 없어지고 더 충전하면(과충전) 물이 전기분해되어(3-4) 음극에서는 수소가스, 양극에서는 산소가스가 발생합니다. 전지 내부에서 가스가 발생하면 누액, 파열, 폭발 등의 위험이 있는데, 이를 방지하기 위한 구조적 대책으로는 크게 두 가지가 있습니다. 하나는 자동차 배터리에 많이 채택되는 **벤트형**(개방형)이라고 불리는 구조를 채택하는 것입니다(그림 3-12, 그림 3-13). 벤트형은 전기분해에서 발생하는 가스를 내보내는 공기 구멍이 있는데, 이 **구멍으로 수분도 증발해 물이 줄어들기 때문에 정기적으로 물을 보충**해 줘야 합니다.

한층 더 진화한 구조의 배터리

또 다른 방식인 **제어형**(밀폐형, 실^{Seal}형) 구조는 **생성된 수소가스와 산소가스를 전지 내부에서 반응시켜 물로 되돌리도록 안전하게 설계**되어 있습니다. 그럼에도 불구하고 예상치 못한 압력이 발생하면, 가스 압력에 의해 제어 밸브가 열리고 가스가 배출됩니다.

제어식 납축전지는 분리막으로 유리섬유를 사용하며, 이 섬유가 전해질 황산을 유지하는 구조로 되어 있어 진동이나 넘어짐으로 인한 누액 걱정이 없습니다. 물을 보충할 필요도 없어 유지보수가 간편합니다.

그래서 메인터넌스 프리(MF) 배터리 혹은 드라이 배터리라고도 불리며, UPS 전원, 휴대용 기기 전원, 오토바이, 자동차 등에 사용됩니다.

그림 3-11 납축전지의 셀 구성

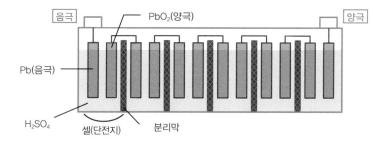

그림 3-12 벤트형(개방형)

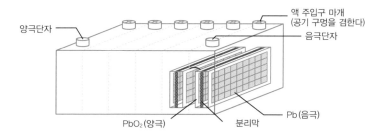

그림 3-13 벤트형(개방형)과 제어형(밀폐형)의 외관 비교

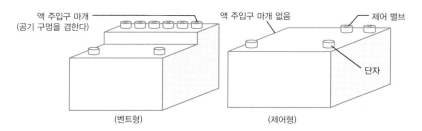

Point

✔ 납축전지는 셀이라고 불리는 공칭 전압 약 2.1V의 단전지 6개 또는 12개를 조합해 12V 또는 24V의 전압으로 만들어 사용한다.

✔ 벤트형(개방형) 납축전지는 과충전으로 발생한 가스를 공기 구멍을 통해 배출한다. 이 구멍으로 수분이 증발하기 때문에 주기적으로 물을 주입해야 한다.

✔ 제어형(밀폐형) 납축전지는 발생된 수소가스와 산소가스를 전지 내부에서 반응시켜 물로 되돌리도록 설계되어 있다. 진동이나 넘어짐으로 인해 전해액이 샐 걱정이 없고 유지보수가 필요 없다.

>> 예전에 소형 가전에서 대활약한 전지

80년대를 대표하는 충전식 전지

납축전지가 등장하고 40년이 지난 1899년, 스웨덴의 발데마르 융너$^{Waldemar\ Jungner}$에 의해 **니켈-카드뮴전지**(니카드전지, 알칼리 축전지)가 발명됐습니다. 니카드전지에는 유해한 **카드뮴**이 포함돼 있지만, **납축전지보다 에너지 밀도가 높고 과방전에 강하며, 방전 말기까지 공칭 전압 1.2V를 거의 유지**할 수 있습니다. 또한 장시간 방치해도 성능 저하가 적다는 장점이 있습니다.

니카드전지는 워크맨과 같은 휴대용 오디오, 전동공구 및 면도기, 비상용 조명의 전원 등에 사용됐습니다. 초기에는 우주용으로 개발되어 인공위성에 오랫동안 탑재됐으나, 최근에는 니카드전지 대신 성능이 더 좋은 니켈-수소전지나 리튬이온전지로 대체되고 있습니다.

니카드전지의 반응

니카드전지는 방전 시, 음극 활물질인 카드뮴이 산화되어 수산화카드뮴이 되고, 양극 활물질인 **옥시수산화니켈**이 수산화니켈로 환원됩니다. 전해질은 알칼리성 수산화칼륨입니다.

그림 3-14에 음극, 양극 및 전체 반응의 전지의 방전·충전 반응을 나타냈습니다. 여기서 오른쪽 방향 화살표는 방전을, 왼쪽 방향 화살표는 충전을 나타냅니다. 이로써 니카드전지의 양극에서는 납축전지처럼 활물질의 용해나 석출 반응이 일어나지 않아, 활물질에 부담을 주지 않는다는 것을 알 수 있습니다. 또 방전 시에는 물이 소비되어 전해질의 농도가 높아지고, 충전 시에는 반대로 물이 생성되어 전해질의 농도가 낮아진다는 것도 알 수 있습니다.

그림 3-14   니카드전지의 반응 구조

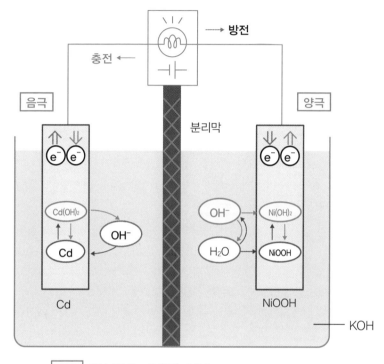

음극	Cd + 2OH⁻ ⇌ Cd(OH)₂ + 2e⁻
양극	NiOOH + H₂O + e⁻ ⇌ Ni(OH)₂ + OH⁻
전체	Cd + 2NiOOH + 2H₂O ⇌ Cd(OH)₂ + 2Ni(OH)₂

Point

✔ 니카드전지는 에너지 밀도가 높고 과방전에 강해, 방전 말기까지 전압이 거의 안정 적으로 유지되며 장기간 방치해도 성능 저하가 적다는 장점이 있다.

✔ 휴대용 오디오, 전동공구 및 면도기, 비상용 조명 전원 등에 사용됐지만, 현재는 니 켈-수소전지나 리튬이온전지로 대체되고 있다.

✔ 납축전지처럼 양극에서 활물질의 용해나 침전 반응이 일어나지 않아 활물질에 부 담을 주지 않는다.

≫ 왜 전지에 카드뮴이 계속 사용됐을까?

가스 발생을 억제하는 카드뮴

니카드전지에는 1960년대에 **이타이이타이병**이라는 환경 오염 문제를 일으켰던 카드뮴이 포함되어 있습니다(그림 3-15). 그럼에도 불구하고 카드뮴이 니카드전지에 사용되어 온 데는 이유가 있습니다.

융너가 발명한 초기 니카드전지에서는 납축전지와 마찬가지로 충전 말기에 과충전되면 전해질 내 물이 분해되어 음극에서 수소가스, 양극에서 **산소가스**가 발생하는 문제가 있었습니다(3-6).

카드뮴은 과거 일차전지 건전지에 포함되던 수은과 마찬가지로 수소 과전압이 높고(2-5), 산소와 반응하기 쉬운 성질을 가지고 있습니다. 따라서 음극 활물질에 사용하는 카드뮴 양을 충분히 확보함으로써, 음극의 수소가스 발생을 억제하고 양극에서 발생한 산소가스를 음극에서 흡수할 수 있습니다. 이처럼 전지 내부에서 가스 발생을 억제하도록 설계되어 있어, **누액 문제가 적은 밀폐형 구조가 가능해졌습니다.**

사용하기 편리한 전지 구조

현재 니카드전지는 일부 리튬일차전지와 마찬가지로 전해질이 포함된 분리막을 사이에 끼운 양극판과 음극판을 롤 또는 적층한 스파이럴 구조(2-12)로 되어 있습니다(그림 3-16). 구조물이 철 용기에 채워져 있고, 바깥쪽은 외장 라벨과 절연 튜브로 덮여 있는 밀폐형입니다. 또한, 양극 단자에서 산소가스가 발생했을 때를 대비해 가스를 배출하기 위한 배출 밸브가 장착되어 있습니다.

이러한 구조로 인해 니카드전지는 튼튼하고 진동과 충격에 강하며, 큰 전기를 충방전할 수 있습니다. 또한 저온에서도 전압 강하가 적다는 장점이 있어 니카드전지가 널리 보급될 수 있었습니다.

그림 3-15 카드뮴 오염의 확산

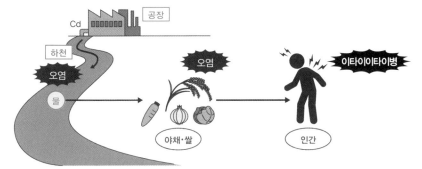

EU 수출 품목(전자부품 등)에 대해 RoHS 지침※에 따라 카드뮴 최대 허용 농도는 0.01%(100ppm)로 다른 원소보다 엄격한 기준으로 인증된다.

※통신 기기나 가전제품에 유해한 화학물질을 금지하는 법령

그림 3-16 니카드전지의 구조

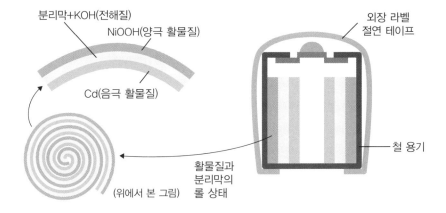

Point

✔ 니카드전지에는 1960년대 환경 오염 문제를 일으켰던 인체에 유해한 카드뮴이 들어 있다.

✔ 니카드전지는 카드뮴으로 가스 발생을 억제할 수 있어 누액 등의 문제가 적은 밀폐형 구조가 가능했다.

✔ 현재 니카드전지는 스파이럴 구조로 되어 더 큰 전기를 충방전할 수 있고, 튼튼하고 충격에 강해 사용하기 편리하다.

» 완전 방전시키고 충전하지 않아서 생기는 메모리 효과

충전 시 주의할 점

한 시대를 풍미했던 워크맨 등 휴대용 오디오의 니카드전지에는 '충전할 때 **완전 방전시킨 후에 충전하세요**'라는 주의사항이 적혀 있었습니다. 왜냐하면, 중간에 충전하는 방식을 반복하면 니카드전지가 특이한 현상을 일으키기 때문입니다.

니카드전지는 방전을 중지한 지점(다 쓰지 않고 충전한 지점)을 마치 자신의 용량으로 기억하는 듯한 현상을 일으킵니다. 따라서 **원래보다 적은 용량으로만 충전과 방전이 되는 상태**에 빠지고, 방전을 중지했던 부근에서 전압이 떨어집니다. 이를 메모리 효과(3-5)라고 합니다(그림 3-17).

이 현상은 니켈-수소전지에서도 발생하지만, 특히 니카드전지에서 두드러지게 발생합니다. 메모리 효과를 일으키지 않기 위해서는 "완전히 방전시킨 후에 충전하는" **리프레시**가 필요합니다. 한편, 같은 이차전지라도 납축전지나 리튬이온전지(4장)에서는 이러한 현상이 발생하지 않으므로, 최근의 스마트폰 등을 충전할 때는 신경쓸 필요가 없습니다.

한때 인기 있었던 전지의 현재

니카드전지는 자가방전율이 하루 1%로 이차전지 중에서도 열화가 빠르다는 단점이 있습니다. 오랫동안 방치했다가 사용할 때는 주의가 필요합니다. 무엇보다 카드뮴을 함유하고 있으므로 환경오염을 유발할 수 있습니다.

이러한 이유로 1994년에 약 8.6억 개 판매를 정점으로 니카드전지는 니켈-수소전지나 리튬이온전지로 점차 대체됐습니다(그림 3-18). 이미 EU에서는 카드뮴 문제로 인해 **생산을 금지**했습니다.

그림 3-17 메모리 효과

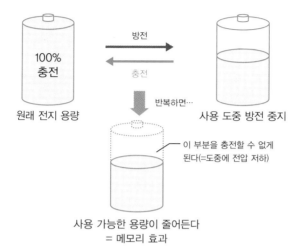

원래 전지 용량 반복하면… 사용 도중 방전 중지

사용 가능한 용량이 줄어든다
= 메모리 효과

그림 3-18 니카드전지를 포함한 알칼리 축전지의 판매 추이

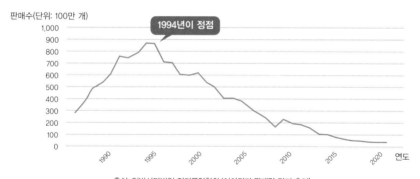

출처: 일반사단법인 전지공업협회 '이차전지 판매량 장기 추이'
(URL: https://www.baj.or.jp/statistics/mechanical/06.html)를 바탕으로 필자가 작성

Point

✔ 니카드전지는 다 쓰지 않은 채 충전을 반복하면 전지 용량이 줄어든 것처럼 보이는 메모리 효과가 발생한다. 이를 방지하려면 완전히 방전한 후 충전하는 리프레시를 해야 한다.

✔ 카드뮴 문제로 니카드전지는 유럽연합(EU)에서 이미 생산이 금지됐다.

» 에디슨이 발명한 전지

발명왕이 전기자동차를 위해 개발

니카드전지의 등장 이후 유해한 카드뮴을 사용하지 않는 이차전지를 발명한 사람은 미국의 발명왕 **토머스 에디슨**Thomas Edison이었습니다. 에디슨은 전기자동차용 전원으로 1900년 **니켈-철전지**(에디슨전지) 특허를 취득하고, 1903년 전기자동차를 발명했습니다(그림 3-19). 그러나 1908년 포드가 상품화한 T형 자동차의 휘발유 가격이 전기료보다 저렴해서 에디슨의 전기자동차는 널리 보급되지 못했습니다.

카드뮴을 철로 대체

니켈-철전지는 음극 활물질로 철, 양극 활물질로 옥시수산화니켈, 전해액으로 수산화칼륨을 사용합니다(그림 3-20).

방전 시 음극에서는 철과 전해액인 수산화칼륨이 반응하여 수산화제2철이 석출됩니다. 양극에서는 옥시수산화니켈이 전자를 받아 물과 반응하여 수산화니켈과 수산화물이온을 생성합니다. 충전 시에는 이들이 역반응을 일으킵니다. 음극과 양극의 전지 반응과 전체 전지 반응은 다음과 같습니다.

음극: $Fe + 2OH^- \rightleftarrows Fe(OH)_2 + 2e^-$

양극: $NiOOH + H_2O + e^- \rightleftarrows Ni(OH)_2 + OH^-$

전체: $Fe + 2NiOOH + 2H_2O \rightleftarrows Fe(OH)_2 + 2Ni(OH)_2$

또한, 납축전지와 마찬가지로 충전 말기나 과방전 시에는 음극에서 수소 가스, 양극에서 산소 가스가 발생합니다. 니켈-철전지는 가격이 저렴하고 물리적인 내구성이 우수하며 수명이 길다는 장점이 있어, 산업용 운반 차량, 철도 차량, 백업 전원 등으로 사용됐습니다.

| 그림 3-19 | 에디슨의 니켈-철전지를 탑재한 전기자동차 |

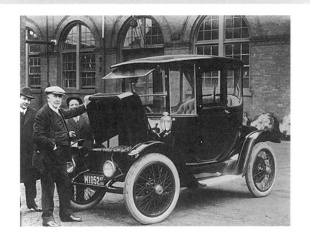

| 그림 3-20 | 니켈-철전지의 반응 구조 |

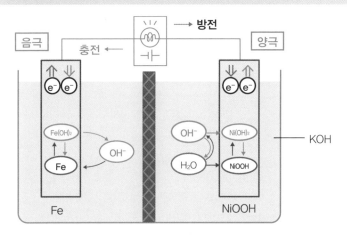

Point

✔ 에디슨이 전기자동차를 발명했지만, 당시에는 가솔린 자동차가 더 저렴해 전기자
동차가 보급되지 못했다.

✔ 에디슨이 전기자동차의 전원으로 특허를 취득한 것은 인체에 유해한 카드뮴이 포
함되지 않은 니켈-철전지였다.

✔ 니켈-철전지는 저렴하고 내구성이 뛰어나며 수명이 길다는 장점이 있지만, 자가 방
전, 가스 발생 등 문제점도 많다.

≫ 다시 주목받는 이차전지

역사 속에 묻힌 이차전지

니카드전지(3-7)나 니켈-철전지(3-10)와 같이 알칼리성 전해질로 니켈을 사용한 이차전지를 **알칼리계 이차전지**(니켈계 알칼리 축전지, 알칼리 축전지)로 부릅니다. 알칼리계 이차전지는 많은 종류의 조합이 연구되어 왔으며, 그중 하나로 **니켈-아연전지**가 있습니다(그림 3-21). 니켈-아연전지는 19세기 말부터 20세기에 걸쳐 이미 기본적인 조합이 발명되어 있었고, 1901년 에디슨이 특허를 취득했습니다.

카드뮴을 아연으로 대체

니켈-아연전지의 반응 구조는 음극 활물질에 아연을, 양극 활물질에 옥시수산화니켈을, 전해질에 수산화칼륨을 사용합니다(그림 3-22).

방전 시에 음극에서는 아연이 산화되어 수산화아연이 되고, 양극에서는 옥시수산화니켈이 수산화니켈로 환원됩니다. 충전 시에는 역반응이 일어납니다. 음극, 양극의 전지 반응과 전체 반응은 다음과 같습니다.

음극: $Zn + 2OH^- \rightleftharpoons Zn(OH)_2 + 2e^-$

양극: $NiOOH + H_2O + e^- \rightleftharpoons Ni(OH)_2 + OH^-$

전체: $Zn + 2NiOOH + 2H_2O \rightleftharpoons Zn(OH)_2 + 2Ni(OH)_2$

니켈-아연전지는 유독성 카드뮴 대신 저렴하고 구하기 쉬운 아연을 사용합니다. 공칭 전압도 1.6V로 알칼리 이차전지 중에서도 높고, 에너지 밀도가 높다는 장점이 있습니다. 또한 **가연성 유기용매를 사용하지 않아 안전성이 뛰어나며 설치 장소를 가리지 않습니다.** 그러나 전압이 없어질 때까지 가능한 충방전 횟수(**사이클 수명**)가 짧다는(3-12) 문제점이 있어 오랫동안 보급이 더디었습니다.

그림 3-21 니켈-아연전지

출처: ZAF Energy Systems "Why Nicken Zinc?"
(URL: https://zafsys.com/nizn-batteries/)

그림 3-22 니켈-아연전지의 반응 구조

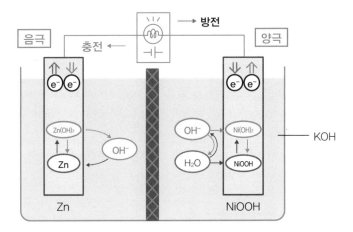

Point

✓ 알칼리성 전해질로 니켈을 사용한 이차전지를 알칼리계 이차전지라고 하며, 니카드전지, 니켈-철전지, 니켈-아연전지 등도 여기에 속한다.

✓ 니켈-아연전지는 카드뮴 대신 저렴한 아연을 사용하며, 공칭 전압도 알칼리계 이차전지 중에서 높고, 에너지 밀도가 높다는 장점이 있다.

✓ 니켈-아연전지는 전압이 없어질 때까지 가능한 충방전 횟수, 즉 사이클 수명이 짧기 때문에 오랫동안 널리 보급되지 못했다.

≫ 반복적인 충전과 방전이 일으키는 문제

덴드라이트 문제

니켈-아연전지는 사이클 수명이 짧다는 문제점이 있었습니다. 그 원인은 음극 활물질인 아연 일부가 방전 시 아연산 이온으로 전해질에 녹고, 충전 시 아연으로 환원되어 석출될 때 **덴드라이트**Dendrite라는 **수지상 결정**을 생성하기 때문입니다(그림 3-23).

충전과 방전을 반복함에 따라 결정은 계속 성장합니다. 성장한 결정이 분리막을 뚫고 양극(+)에 도달하면, 전지가 쇼트서킷(2-1)을 일으켜 발화 및 폭발의 원인이 될 수 있습니다.

신기술을 사용한 분리막

최근 니켈-아연전지의 실용화를 위해 덴드라이트의 쇼트서킷을 방지하려는 연구가 활발하게 진행되고 있습니다.

그 한 예로서 분리막을 **이온 전도성 필름**이나 세라믹으로 만들어 수산화물이온은 투과시키면서 아연산 이온이나 아연의 덴드라이트는 차단하는 사례가 보고되고 있습니다(그림 3-24). 이런 연구들은 실용화를 목표로 개발이 진행되고 있습니다. 그 밖에도 전해법에 의한 아연박의 합금화 최신 기술을 음극에 적용한 결과, 덴드라이트 생성을 확인할 수 없었다는 사례도 보고되고 있습니다.

역사 속에 사라진 전지에 대한 기대

덴드라이트가 발생하는 금속 전극은 아연 외에도 철, 망간, 알루미늄, 나트륨 등 매우 다양하며, 이들은 오랫동안 역사 속에 묻혀 있었습니다.

새로운 기술에 의해 덴드라이트 문제가 해결되면, 니켈-아연전지를 포함한 새로운 이차전지의 탄생도 기대할 수 있을 것입니다.

그림 3-23 덴드라이트의 발생

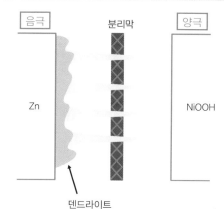

그림 3-24 이온 전도성 필름의 효과

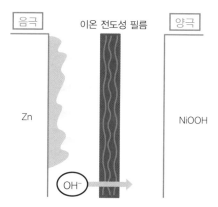

Point

✔ 니켈-아연전지를 반복해서 충방전하면 음극의 아연이 덴드라이트라는 수지상 결정을 생성하는 경우가 있다. 이 결정이 성장해서 분리막을 뚫고 양극에 도달하면 전지가 단락을 일으킨다.

✔ 니켈-아연전지의 사이클 수명이 단축되는 원인은 덴드라이트 생성으로 인한 전지의 열화다.

✔ 분리막을 이온 전도성 필름으로 만들어 수산화물이온은 투과시키면서 덴드라이트 생성을 방지하는 사례가 보고되고 있다.

≫ 수소를 사용한 이차전지

한때는 시장을 독점했던 니카드전지 //

니켈-수소전지(Ni-MH전지, 니켈-메탈하이드라이드 전지)는, 음극 활물질로 **수소저장합금**, 양극 활물질로 옥시수산화니켈, 전해질로 알칼리성 수산화칼륨을 사용합니다. 다른 알칼리계 이차전지와 마찬가지로 음극 활물질만 다를 뿐 전지 구조는 거의 같습니다.

공칭 전압이 1.2V이고, **니카드전지보다 전기 용량이 2배 크며, 유해한 카드뮴도 사용하지 않아** 점차 니카드전지를 대체하게 됐습니다. 노트북 PC나 음향 기기에 많이 사용됐지만, 리튬이온전지의 등장으로 2000년을 정점으로 생산량이 감소했습니다 (그림 3-25). 니카드전지와 마찬가지로 처음에는 우주용으로 개발되어 인공위성에 탑재됐습니다. 또한 **하이브리드 자동차**에 채택된 전지로도 유명합니다.

수소저장합금이란? //

니켈-수소전지의 가장 큰 특징은 수소저장합금(프로티움저장합금, MH)이 사용된다는 점입니다. 수소저장합금은 니켈-수소전지 외에도 수소 저장탱크의 매체, 히트펌프, 압축기 등에 사용됩니다. 수소는 원자가 작아서 금속 원자의 틈새로 들어갑니다. 따라서 수소를 흡수하기 쉬운 금속과 방출하기 쉬운 금속 두 종류를 합금하면 합금 부피의 1,000배 이상의 수소를 저장하고 방출할 수 있습니다(그림 3-26). 그림은 합금의 틈새에 수소가 들어있는 상태로, 전압 등의 조건에 따라 수소가 나오거나 들어갈 수 있음을 나타냅니다.

일반적으로 수소를 흡수하기 쉬운 금속은 란탄이나 세륨, 방출하기 쉬운 금속은 코발트 등을 첨가한 니켈이며, 희토류 등 고가의 금속은 전지 생산 비용을 높이는 원인이 됩니다.

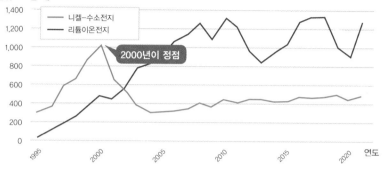

그림 3-25 니켈-수소전지와 리튬이온전지 판매 수 추이

판매수(단위: 100만 개)

2000년이 정점

출처: 일반사단법인 전자공업협회 "이차전지 판매량 장기 추이"
(URL: https://www.baj.or.jp/statistics/mechanical/06.html)를 바탕으로 필자가 작성

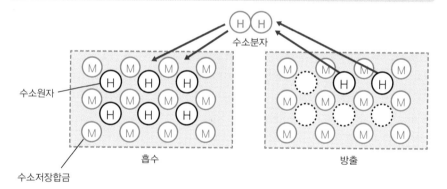

그림 3-26 수소저장합금 구조

수소분자

수소원자

수소저장합금

흡수

방출

Point

✔ 니켈-수소전지는 니카드전지보다 전기 용량이 두 배 크고 카드뮴을 사용하지 않아
널리 보급됐다. 예전에는 하이브리드 자동차에 사용됐지만, 현재는 성능이 더 좋은
리튬이온전지로 대체되고 있다.

✔ 수소를 흡수하기 쉬운 금속과 방출하기 쉬운 금속 두 가지를 합금하면, 합금 부피
의 1,000배 이상의 수소를 흡수-방출할 수 있는 수소저장합금이 된다.

✔ 니켈-수소전지의 음극 활물질로 사용되는 수소저장합금은 이 밖에도 수소 저장 탱
크의 매체, 히트 펌프, 압축기 등에도 사용된다.

» 수소를 사용한 이차전지의 원리

카드뮴을 수소저장합금으로 대체

니켈–수소전지의 반응 구조를 살펴보면, 방전 시에는 음극에서 수소저장합금이 수소를 방출하여 산화반응이 일어나고 물이 생성됩니다(그림 3-27). 충전 시에는 그 역반응이 일어납니다. 수소저장합금의 화학식은 **MH**로 나타냅니다. 양극에서는 다른 알칼리계 이차전지와 마찬가지로 방전 시에 옥시수산화니켈이 수산화니켈로 환원되며, 충전 시에는 역반응이 일어납니다. 전체 반응은 다음과 같습니다.

음극: $MH + OH^- \rightleftarrows M + H_2O + e^-$

양극: $NiOOH + H_2O + e^- \rightleftarrows Ni(OH)_2 + OH^-$

전체: $MH + NiOOH \rightleftarrows M + Ni(OH)_2$

니카드전지와 매우 비슷한 구조

전지 구조는 니카드전지와 거의 동일한 스파이럴형 밀폐 구조입니다. 과충전 대비책 역시 니카드전지와 마찬가지로 음극에 양극보다 더 많은 양의 활물질을 도입하여 음극에서 발생하는 수소가스를 억제합니다. 수소가스가 발생했을 때를 대비해 가스를 배출할 수 있는 밸브도 장착되어 있습니다(3-8).

주의할 수소저장합금의 성질

니카드전지와 유사한 구조를 가진 니켈–수소전지이지만, 주의해야 할 점은 충방전입니다. 메모리 효과도 있지만, 니카드전지만큼은 아닙니다(3-9). 충전하기 전에 방전시키는 **리프레시** 기능이 있는 충전기라면 걱정할 필요가 없습니다(그림 3-28). 문제는 수소를 저장하지 않은 상태에서 수소저장합금을 방치하면, **수소 저장 능력이 저하되어 전지의 수명이 짧아진다는 점입니다. 따라서 사용하지 않은 채 방치하는 것은 피하고 충전 후 보관하는 것이 좋습니다.**

그림 3-27 니켈–수소전지의 반응 구조

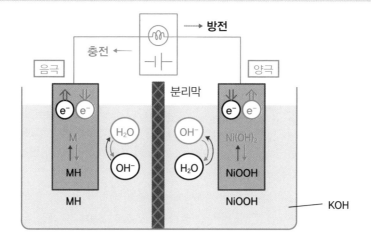

그림 3-28 리프레시 기능이 있는 충전기의 동작 방식

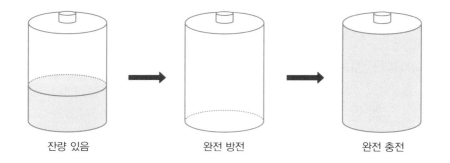

잔량 있음 　　　　 완전 방전 　　　　 완전 충전

Point

✔ 니켈-수소전지는 니카드전지의 카드뮴을 수소저장합금으로 대체한 것으로, 거의 동일한 스파이럴형 밀폐 구조이다. 양극보다 많은 양의 활물질을 음극에 도입해서 음극에서 나오는 수소가스를 억제한다.

✔ 일부 니켈-수소전지 충전기에는 충전 전에 완전히 방전시키는 리프레시 기능을 통해 메모리 효과를 방지하는 제품도 있다.

✔ 수소를 저장하지 않은 상태로 방치한 수소저장합금은 전지 수명을 단축시키므로 충전 후에 보관하는 것이 좋다.

>> 우주에서 활약한 수소를 사용하는 전지

우주 개발과 이차전지

일반적으로 니켈-수소전지라고 하면, 이미 소개한 수소저장합금을 사용하는 니켈-수소전지(Ni-MH, 니켈-메탈하이드라이드 전지)를 가리킵니다. 그러나 초기의 니켈-수소전지는 음극의 고압 탱크에 수소가스를 저장한 특수한 전지로 **Ni-H₂전지**라고 합니다(그림 3-29).

니카드전지의 최초 실용화가 인공위성 탑재용으로 시작된 것처럼, 우주 개발과 이차전지는 밀접한 관계가 있었습니다. 왜냐하면 **우주로 쏘아올릴 때는 무게 제한이 중요한 문제였고, 비용이 높아지더라도 가벼운 전지가 필요**했기 때문입니다.

그래서 1960년대 이후 오랜 기간 동안 우주용 전지는 니카드전지가 주류를 이루다가 1980년대 중반에 Ni-H₂전지로 교체됐습니다. 그러나 고압 수소가스 탱크의 위험성을 피하기 위해 곧 니켈-수소전지로 대체됐고, 최근에는 리튬이온전지가 사용되고 있습니다.

지나치게 큰 전지

Ni-H₂전지는 전지 자체를 압력 용기 안에 넣고 30~70기압의 고압 수소가스를 충전합니다. 이 수소가스가 음극 활물질이 됩니다. 양극 활물질은 옥시수산화니켈, 전해질은 수산화칼륨입니다(그림 3-30). 충방전 시 음극과 양극, 전체의 반응식은 다음과 같습니다.

음극: $H_2 + 2OH^- \rightleftharpoons 2H_2O + 2e^-$

양극: $NiOOH + H_2O + e^- \rightleftharpoons Ni(OH)_2 + OH^-$

전체: $H_2 + 2NiOOH \rightleftharpoons 2Ni(OH)_2$

공칭 전압은 1.2V이고 수명은 약 10년 정도이지만, 무엇보다 큰 탱크 장치라서 에너지 밀도가 작다는 단점이 있습니다.

그림 3-29 Ni−H₂전지

출처: NASA "Misson to Hubble"
(URL: https://www.nasa.gov/
mission_pages/hubble/servicing/
SM4 / main / Battery_FS_HTML.
HTML)

그림 3-30 Ni−H₂전지의 반응 구조

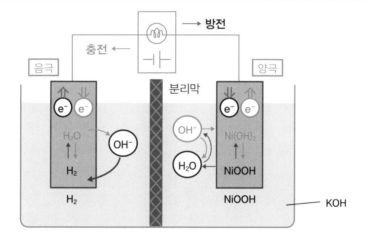

Point

✔ 초기 니켈-수소전지는 수소저장합금을 사용하지 않고, 전지 자체를 압력 용기에 넣어 고압 수소가스를 충전하는 Ni-H₂전지이다.

✔ Ni-H₂전지는 고압 탱크의 수소가스가 음극 활물질이며, 전지라고 해도 상당히 무거운 장치이므로 에너지 밀도가 작다.

✔ 인공위성에도 Ni-H₂전지가 사용됐지만, 고압 수소가스 탱크의 위험성을 피하기 위해 곧 니켈-수소전지로 바뀌었고 최근에는 리튬이온전지로 대체됐다.

≫ 큰 에너지를 저장하는 이차전지

큰 전기를 저장할 수 있는 이차전지

NAS전지(나트륨유황전지)는 1967년 미국에서 전기자동차의 동력원으로서 원리가 발표됐고, 2003년 일본에서 양산화에 성공했습니다(그림 3-31). NAS전지는 **에너지 밀도가 높아 수십만 킬로와트의 큰 전기를 안정적으로 저장할 수 있습니다**. 또한 전극 재료 비용이 적게 들고, 완전 밀폐형으로 배출 가스 및 소음이 없으며, 유지 보수하기도 쉬운 이상적인 전지입니다. 대형화가 간편해 공장 등 전력의 효율화, 비상용 전원, 풍력 발전 등 재생 가능 에너지의 전력 안정화에 크게 활약하고 있습니다.

전해질로 용융염을 사용

황산이나 수산화칼륨 등 물을 사용한 전해질의 경우, 충전 말기나 과방전 시 물의 전기분해가 일어납니다. 이때 가스가 발생하는데, 이로 인한 전해질 누액이나 전지 열화는 피할 수 없는 문제입니다(3-6). 그래서 고체 상태에서도 이온을 통과시키는 고체 전해질이나 용융염 전해질이 시도됐습니다. 여기서 말하는 용융염은 양이온과 음이온이 결합한 화합물에 열을 가해 용해시킨 것으로, 높은 이온 전도율을 갖게 됩니다.

NAS전지에서는 전해질로 **β-알루미나**라는 고체 전해질을 고온에서 용융염으로 사용합니다. 따라서 NAS전지는 **용융염 이차전지**이며, 열을 가하므로 열전지의 일종이라고 할 수 있습니다(2-21).

NAS전지는 약 300℃의 고온에서 운전하기 때문에 음극 활물질인 금속 나트륨(융점: 약 98℃)과 양극 활물질인 황(융점: 약 115℃)은 융점을 넘어 액체가 됩니다(그림 3-32). 그 사이에 있는 고체 전해질인 β-알루미나는 나트륨이온만 이동할 수 있어 분리막 역할도 합니다. 또한 **고체 전해질은 실온에서는 비전도성이기 때문에 NAS전지는 실온 보관 시 자가 방전 없이 안정적으로 장기 보존할 수 있습니다.**

그림 3-31 | NAS전지의 외관

출처: NGK "도입을 검토하시는 고객님께"
(URL: https://www.ngk.co.jp/product/
nas-intro.html)

5.8MWh NAS전지 유닛(컨테이너4기)의 예

그림 3-32 | 300℃와 실온에서의 NAS전지 상태

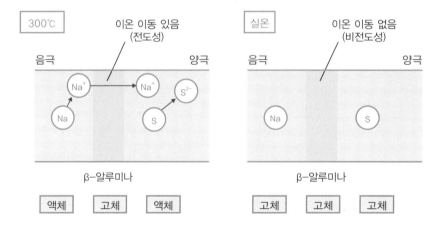

Point

✔ 에너지 밀도가 높고 전극 비용이 적은 NAS전지는 공장 전력의 효율화, 비상용 전원, 재생에너지 전력 안정화 등에 활용된다.

✔ NAS전지는 고체 전해질 β-알루미나를 고온에서 용융염으로 사용하므로 용융염 이차전지이며 열전지의 일종이다.

✔ 고체 전해질은 실온에서 비전도성이므로 NAS전지를 실온에서 보관하면 자가 방전이 일어나지 않는다. 따라서 장기간 안정적으로 보존할 수 있다.

≫ 큰 에너지를 저장하는 이차전지에서 주의할 점

나트륨과 황의 반응 ///

NAS전지에서는 방전 시에 음극 활물질인 나트륨이 전자를 방출하는 산화반응이 일어나 나트륨이온이 되고, 이 나트륨이온이 고체 전해질을 통과합니다(그림 3-33). 양극 활물질인 황은 나트륨이온과 전자를 받아들여 환원반응에 의해 다황화나트륨이 됩니다. 충전 시에는 역반응이 일어납니다. 양극과 음극을 합하면 전체 반응은 다음과 같습니다.

> 음극: $Na \rightleftharpoons Na^+ + e^-$
> 양극: $5S + 2Na^+ + 2e^- \rightleftharpoons Na_2S_5$
> 전체: $2Na + 5S \rightleftharpoons Na_2S_5$

취급 시 주의할 점 ///

NAS전지는 수명이 길어 약 15년 정도 사용할 수 있고, 메모리 효과도 없습니다. 따라서, 앞으로의 활약이 더욱 기대되고 있습니다. 단, 음극 활물질인 **금속 나트륨**은 물과 반응하면 폭발 위험이 있으므로 주의해야 합니다. 또한 충전 시 생성되는 황화나트륨은 물과 반응하면 독성이 강한 황화수소를 발생시킵니다. 따라서 **NAS전지는 발화 시 수계 소화약제를 사용할 수 없으므로 취급에 주의해야 합니다.**

NAS전지의 또 다른 장점은 셀(단전지)을 여러 개 연결해서 대형화하기 쉽다는 점입니다(그림 3-34). 이 셀의 공칭 전압은 약 2.1V입니다. NAS전지의 셀은 안쪽에서부터 음극 활물질인 나트륨, 전해질인 β-알루미나, 양극 활물질인 황으로 구성된 3층 구조입니다. 이들은 모두 전지 용기에 수납됩니다. 셀을 여러 개 연결하면 **모듈 전지** (대용량 전지)가 되고, 모듈 전지를 여러 개 연결하면 **NAS전지 시스템**이 됩니다.

그림 3-33 NAS전지의 충방전 반응 구조

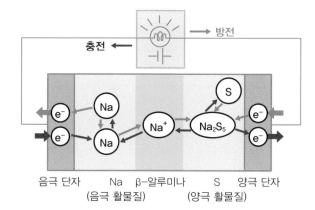

음극 단자 Na β-알루미나 S 양극 단자
(음극 활물질) (양극 활물질)

그림 3-34 NAS전지 시스템의 구조

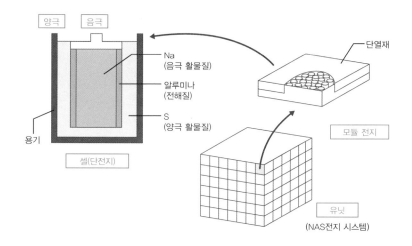

Point

✔ NAS전지는 사이클 수명이 길어 15년 정도 사용할 수 있는 장수명 전지로 메모리 효과도 없다.

✔ 금속 나트륨과 황화나트륨은 물과 반응하면 위험하기 때문에, NAS전지가 발화할 경우 수계 소화약제를 사용할 수 없다. 취급할 때 주의할 필요가 있다.

✔ 셀을 여러 개 연결하면 대용량 모듈 전지가 되고, 여러 개의 모듈 전지로 채워진 유닛을 연결하면 대형화된 NAS전지 시스템이 된다.

≫ 낙도나 지방에서 활약하는 이차전지

낙도나 지방의 자연에너지 도입에 공헌

NAS전지는 미국, 일본, 독일, 아랍에미리트 등 250개국(2022년 2월 기준) 이상에서 가동한 실적이 있습니다. NAS전지는 다양한 분야에서 활약하는데, 최근에는 풍력이나 태양광 등 자연에너지를 중심으로 한 전원 구성(7-1)을 실현하여, 도서 지역에서 진행하는 **낙도·지방 그리드**(마이크로 그리드)에도 활용되고 있습니다.

풍력, 태양광 등 자연에너지는 기상 조건의 영향을 받기 때문에 안정적으로 전기를 공급하는 것이 과제입니다. 특히 계통 용량(전력 공급 지역의 수요 부하의 총량)이 작은 낙도나 지방에서는 계통을 안정적으로 운영하려면 디젤 발전 등의 출력이 필요했고 자연에너지의 도입과 가동에 한계가 있었습니다. 2015년부터 일본 시마네현 오키 제도에서는 NAS전지와 리튬이온전지를 조합한 **하이브리드 축전 시스템**을 도입하여 비용 절감, 시스템 효율 향상, 충방전 관리 개선을 실현했습니다(그림 3-35).

지역 수준의 피크컷

전력 수요가 적은 야간에는 충전하고 낮 시간대에 방전하는 피크컷^{Peak-Cut}이 지역 수준에서 시행되고 있습니다. 일본 지바현 가시와시에 있는 '가시와노하 스마트 시티'에서는 2015년부터 환경 공생, 건강 장수, 신산업 창조를 목표로 태양광 발전과 이차전지 등 분산되어 있는 에너지를 도시 간에 서로 융통하는 일본 최초의 **스마트 그리드**를 본격적으로 가동했습니다(그림 3-36). NAS전지는 스마트 그리드로 분산 에너지 조정을 지원합니다.

구체적으로는 상업 지역과 호텔·사무실 지역처럼 평일과 휴일 전력 수요가 다른 지역 간에 전력을 융통하여 지역 수준에서 피크컷을 실현했습니다. 또한, 재해 시 계통 전원이 정전됐을 때 지역에 분산 설치된 발전 및 축전 설비의 전기를 주민 생활 유지에 필요한 시설이나 설비에 공급할 수 있습니다.

그림 3-35 낙도·지방 그리드(마이크로 그리드)

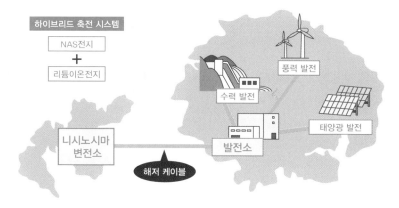

그림 3-36 스마트 시티의 '스마트 그리드' 이미지

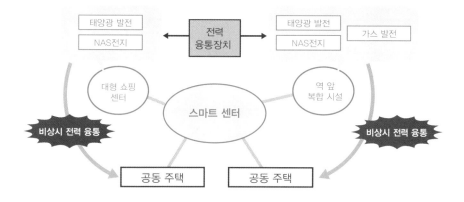

Point

✔ 일본 시마네현 오키 제도에서는 NAS전지와 리튬이온전지를 이용한 '하이브리드
  축전 시스템'을 도입해, 자연에너지의 도입 및 가동 지원을 실현했다.

✔ 스마트 그리드에서는 재해로 인한 정전 시, 도시에 분산 설치된 발전 및 축전 설비
  에서 생활 유지에 필요한 시설과 설비에 전기를 공급하여 라이프 라인을 지킨다.

Chapter

3

반복해서 사용할 수 있는 전지

≫ 대규모 이차전지

산화환원반응의 흐름이라는 전지

NAS전지와 마찬가지로 대규모 축전 장치로 실용화된 것은 **레독스흐름전지**입니다(그림 3-37). 이 전지는 1974년 미국에서 기본 원리가 발표되었습니다. 초기에는 철-크롬 계열이 연구됐으나, 이후 에너지 효율이 좋고 산화환원반응을 일으키는 **바나듐 계열**이 주류가 됐습니다. 레독스는 환원Reduction과 산화Oxidation를 의미하며, 흐름Flow은 전해질의 '흐름'이라는 의미에서 합성된 용어입니다.

전해질 = 활물질?

레독스흐름전지는 **흐름전지**(전해액 순환형 전지)의 일종으로, 전해질에 두 극의 활물질을 용존시키고, 외부 펌프를 이용한 전해질의 '흐름' 속에서 일어나는 '산화환원' 반응으로 전기를 발생시킵니다.

일반적인 이차전지는 고체 활물질이 액체 전해질에 용해되어 이온이 되거나 그 이온이 석출되면서 충방전이 이루어집니다. 하지만 흐름전지에서는 활물질의 금속이온이 이미 전해질에 녹아 있기 때문에 **석출되지 않고 이온 상태로 산화환원반응이 일어나고 충전 및 방전이 이루어집니다.**

대규모 장치 전지

레독스흐름전지는 전지라고 하지만 대규모 장치입니다. 장치의 구조는 음극과 양극 각각의 활성물질 및 전해질을 담은 탱크와, 전지 반응을 하는 공칭 전압 1.4V의 단일 셀을 직렬로 여러 개 연결하여 적층한 셀 스택으로 이루어집니다(그림 3-38). 외부 에너지로 작동하는 펌프를 이용해 양극과 음극 탱크의 전해질을 셀 스택에 순환시켜, 산화환원반응을 일으키는 구조입니다.

그림 3-37 레독스흐름전지의 외관

출처: 스미토모전기공업 "대규
모 축전 시스템 레독스흐름전지
가 '2015 닛케이 우수 제품─서비
스상 최우수상 닛케이산업신문상'
수상"
(URL: https://sei.co.jp/
company/press/2016/01/
prs002.html)

그림 3-38 레독스흐름전지의 구조

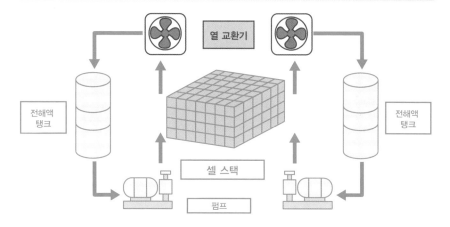

Point

✔ 레독스흐름전지는 전해질에 음극과 양극의 활물질을 용해시키고 외부 펌프로 전
  해질을 공급받아 산화환원반응을 통해 전기를 생산하는 방식이다.

✔ 활물질의 금속이온이 이미 전해질에 녹아 있으므로 금속이 석출되지 않고 이온 상
  태로 충방전한다.

✔ 전지라고 하지만 활물질과 전해질을 담은 탱크와 셀 스택, 펌프 등 대규모 장치로
  구성된다.

» 안전하고 수명이 길어 보급이 기대되는 이차전지

이온가가 다른 바나듐이온을 활용

바나듐계 레독스흐름전지의 화학 반응을 설명하겠습니다(그림 3-39). 음극 및 양극의 전해액 탱크에는 산화황산 바나듐 수화물($VOSO_4 \cdot nH_2O$)을 황산에 용해시켜 +4가 바나듐이온 용액으로 만든 것을 전기분해하여 각각 다른 **이온가**의 바나듐이온 용액으로 만들어 사용합니다.

방전시키기 전 음극 탱크에는 +2가 **바나듐이온**이 포함되어 있어, 전지를 방전하면 바나듐 +2가에서 +3가로 산화반응이 일어납니다. 양극에서는 +5가 바나듐이온이 포함되어 있어, +5가에서 +4가로 환원반응이 일어납니다. 또한, 충전 시에는 각각 역반응으로 양쪽 극에서 산화환원반응이 일어납니다. 전지의 전체 반응은 다음과 같습니다.

음극: $V^{2+} \rightleftarrows V^{3+} + e^-$

양극: $VO_2^+ + 2H^+ + e^- \rightleftarrows VO^{2+} + H_2O$

전체: $V^{2+} + VO_2^+ + 2H^+ \rightleftarrows V^{3+} + VO^{2+} + H_2O$

상온에서 사용할 수 있는 대형 축전 장비

레독스흐름전지의 반응은 금속의 이온가 변화만 있기 때문에 **사이클 수명은 무제한**이며, 용액은 반영구적으로 사용할 수 있습니다. 가스가 발생하지 않아 안전성이 높으며, **상온 반응**이므로 장비의 열화도 적어 수명이 20년에 이릅니다. 음극과 양극 탱크가 별도로 존재하므로 자가 방전이 거의 없습니다. 반면, 현재 주류인 바나듐이 희귀 금속의 일종으로 비싸고, 펌프 설치 및 가동에 비용이 많이 드는 것이 과제입니다.

태양광 발전으로 생성한 전력을 저장할 목적으로 2015년부터 일본 홋카이도 미나미하야키타 변전소에 세계 최대 규모의 설비가 도입되기 시작했습니다(그림 3-40). 그 밖에도 미국, 벨기에, 모로코, 대만에서도 도입되고 있어 앞으로 보급이 기대됩니다.

그림 3-39 레독스흐름전지의 충방전 반응의 원리

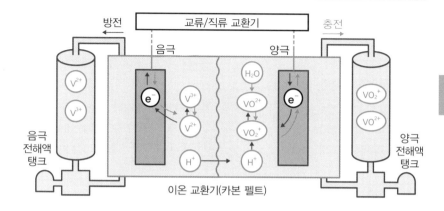

그림 3-40 홋카이도 미나미하야키타 변전소 레독스흐름전지 가동 이미지

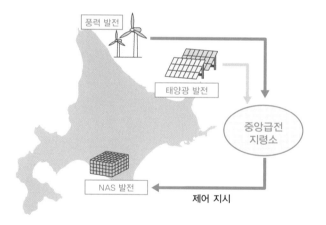

Point

✔ 레독스흐름전지의 반응은 금속의 이온가 변화만 있기 때문에 사이클 수명은 무제한이며, 용액은 반영구적으로 사용할 수 있다.

✔ 레독스흐름전지는 가스가 발생하지 않아 안전성이 높고, 설비 열화가 적어 수명이 20년이며 자가 방전이 거의 없다.

✔ 바나듐은 고가이며, 펌프 설치 및 가동에 비용이 많이 드는 점 등이 문제점으로 지적되고 있다.

» 널리 보급되지 못한 이차전지

녹아서 전해질로 변신

제브라전지(니켈-염화나트륨 이차전지)는 1978년 남아프리카 과학산업연구위원회의 코츠너가 발명했습니다. 이 전지는 NAS 전지와 마찬가지로 용융염 이차전지의 일종으로(3-16), 공칭 전압은 2.4~2.7V이며, 에너지 밀도가 높아 잠수함이나 전기자동차에서 사용되기도 했습니다.

장기 보관이 가능하고 부식이 잘 일어나지 않으며 사이클 수명이 길지만, 고온에서 작동하기 때문에 비용이 많이 든다는 문제점이 있습니다.

제브라전지는 음극 활물질로 나트륨(융점: 약 98도), 양극 활물질로 **염화니켈**(융점: 1001도), 양극 전해질로 고체 **염화알루미늄나트륨**(융점: 약 160도), 전해질로 β-알루미나를 용융염으로 이용합니다. NAS전지와 마찬가지로 약 300도에서 가동하므로, 고체인 염화알루미늄나트륨은 이 온도에서 녹아 액체로 변하고 전해질로 작용합니다. 고체 전해질인 β-알루미나는 분리막 역할을 합니다(그림 3-41).

금속이온의 이동을 지원

제브라전지는 방전 시에 음극 활물질인 나트륨이 전자를 방출하고, 산화반응에 의해 나트륨이온이 되어 고체 전해질인 β-알루미나를 통과합니다(그림 3-42). 이때 양극 전해질의 염화알루미늄나트륨이 양극 쪽으로 이동한 나트륨이온의 이동을 돕습니다. 이렇게 양극 활물질인 염화니켈은 나트륨이온과 전자를 받아들여 환원반응에 의해 염화나트륨이 됩니다. 충전 시에는 역반응이 일어나며, 전지의 전체 반응은 다음과 같습니다(그림 3-43).

음극: $Na \rightleftarrows Na^+ + e^-$

양극: $NiCl_2 + 2Na^+ + 2e^- \rightleftarrows 2NaCl + Ni$

전체: $2Na + NiCl_2 \rightleftarrows 2NaCl + Ni$

그림 3-41 300℃와 실온에서 제브라전지의 상태

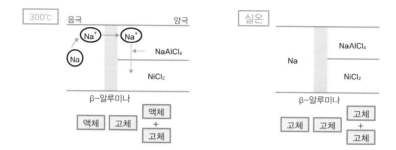

그림 3-42 제브라전지의 방전 반응 구조

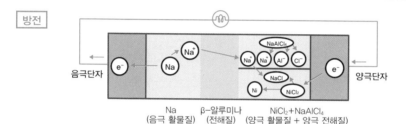

그림 3-43 제브라전지의 충전 반응 구조

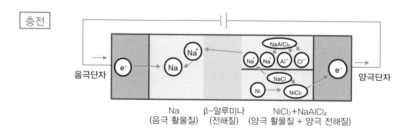

Point

✔ 제브라전지는 장기 보관할 수 있고 부식이 잘 일어나지 않으며 사이클 수명이 길다. 그러나 고온에서 작동하기 때문에 비용이 높다는 문제점이 있다.

✔ 제브라전지는 NAS전지와 마찬가지로 고온에서 전해질로 고체 전해질인 β-알루미나를 용융염으로 사용하므로 용융염 이차전지이다.

✔ 양극 전해질인 염화알루미늄나트륨은 전지 작동 온도인 300도에서 녹아 전해질로 작용하며 음극에서 오는 나트륨이온의 이동을 돕는다.

≫ 지금도 연구가 계속되는 이차전지

오랜 역사 속에 남겨진 과제

음극 활물질에 아연, 양극 활물질에 **브롬**이나 염소 등 **할로겐** 원소를 이용한 아연-할로겐전지는 레독스흐름전지의 일종으로 과거 여러 차례 실용화가 시도됐으나 널리 보급되지 못한 전지입니다.

특히 **아연-브롬전지**는 프로이센-프랑스 전쟁(1870~1871년)에서 조명용 전원으로 사용된 역사가 있습니다(그림 3-44). 그러나 **아연의 덴드라이트**(3-12) **현상에 의한 단락, 전해질 내 브롬이 양극의 아연에 의해 자가 방전**(2-5)되는 문제점이 있었습니다. 이후 연구를 통해 고분자 분리막이 개발되고 브롬을 오일 형태로 저장하는 방법이 고안되면서 1980년대에는 전기자동차용 전지로 시도되기도 했습니다. 현재도 일부에서 연구가 진행되고 있으며, 최근에는 미국에서 분리막을 사용하지 않고 전도성 카본폼 전극을 사용한 전지가 개발됐습니다. 또한 호주에서는 수성 전해질을 사용한 전지가 실용화되고 있습니다.

할로겐 원소 브롬 사용

실용화된 아연-브롬전지는 레독스흐름전지와 마찬가지로 전해질을 펌프로 순환시키는 방식입니다(그림 3-45). 전지의 구성은 음극 활물질에 도금 처리된 아연, 양극 활물질에 유기용매에 녹인 브롬(융점: -7.2도), 전해질에 브롬화아연을 사용합니다. 방전할 때는 음극 활물질인 아연이 녹아 전자를 방출하고, 양극 활물질인 브롬이 브롬이온이 되어 전자를 받아들입니다. 충전할 때는 그 역반응이 일어납니다. 공칭 전압은 48V이며, 10~50도에서 작동합니다.

음극: $Zn \rightleftarrows Zn^{2+} + 2e^-$

양극: $Br_2 + 2e^- \rightleftarrows 2Br^-$

전체: $Zn + Br_2 \rightleftarrows Zn^{2+} + 2Br^-$

그림 3-44 아연-브롬전지의 외관

출처: redflow "ZBM3 Battery"
(URL: https://redflow.com/zbm3-
battery)

그림 3-45 레드플로사의 아연-브롬전지의 방전 및 충전 반응의 구조

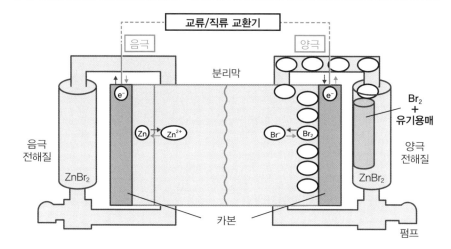

Point

✔ 아연-할로겐전지는 여러 차례 실용화 시도가 있었지만 널리 보급되지 못했다.

✔ 아연-브롬전지는 프로이센-프랑스 전쟁에서 조명용 전원으로 사용된 오랜 역사가 있지만, 아연의 덴드라이트와 자가 방전 문제가 있다.

✔ 현재도 미국, 호주 등에서 아연-브롬전지를 실용화하려는 연구가 진행되고 있어, 향후 기대되는 전지 중 하나이다.

>> 충전할 수 있는 일차전지?

알칼리건전지 충전은 위험

원통형 니켈-수소전지와 리튬이온전지가 '충전할 수 있는 건전지'로서 충전기와 함께 판매되고 있습니다. 알칼리건전지는 이러한 이차전지들과 모양이 비슷하지만, 일차전지이므로 같은 방식으로 충전할 수 없습니다.

알칼리건전지를 충전하면 전해질인 수산화칼륨이 전기분해되는데, 칼륨은 이온화 경향이 크기 때문에 금속으로 석출되지 않습니다(그림 3-46). 그 결과 물이 전기분해되어, 음극에서는 수소가스, 양극에서는 산소가스가 발생합니다. 이 수소가스와 산소가스가 섞이면 큰 폭발이 일어날 위험성이 있습니다. 또한 가스가 건전지 내부에 가득 차서 파손되거나 폭발하면 강알칼리성인 수산화칼륨이 피부에 닿아 **화상 위험성**도 있습니다.

과거에 소형 전지로서 널리 보급됐던 산화은전지(2-9)는 사실 이차전지로서 미사일이나 로켓, 심해 조사선용으로 개발되기 시작했습니다. 그 때문에 어느 정도 충전할 수 있습니다. 하지만, 충전 시 덴드라이트가 생성(3-12)되는 문제가 있고, 과충전하면 물이 전기분해되어 산소가스가 발생하므로 실용화되지 못했습니다(그림 3-47). 일차전지로 판매되는 산화은전지는 발생한 가스를 외부로 방출하는 기능이 없기 때문에 **충전이 금지**되어 있습니다.

개발이 진행되는 아연-공기 이차전지

아연-공기전지(2-10)는 일차전지 중 가장 전기 밀도가 높은데, 이를 충전할 수 있는 타입의 전지 개발이 보고됐습니다. 일차전지 양극에는 활성탄 등의 소재를 사용하는데, 이를 전도성 산화물 세라믹만 사용해서 **아연-공기 이차전지** 개발에 성공했다고 합니다. 전지의 대형화에 적합한 원통형이 채택되어 향후 실용화가 기대됩니다.

그림 3-46 알칼리망간전지를 충전한 경우

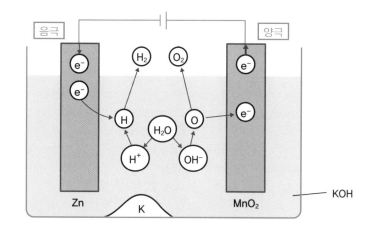

음극 | 양극

H₂   O₂

H_2 O_2

H   O

H_2O

H⁺   OH⁻

Zn   K   MnO₂   — KOH

그림 3-47 산화은 이차전지의 방전 및 충전 반응 구조

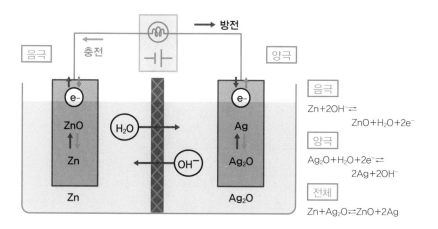

방전

음극   충전   양극

e−   e−

ZnO H_2O Ag

Zn OH^- Ag₂O

Zn   Ag₂O

음극

$Zn + 2OH^- \rightleftharpoons$
$ZnO + H_2O + 2e^-$

양극

$Ag_2O + H_2O + 2e^- \rightleftharpoons$
$2Ag + 2OH^-$

전체

$Zn + Ag_2O \rightleftharpoons ZnO + 2Ag$

Point

✔ 알칼리건전지를 충전하면 물이 전기분해되어 음극에서 수소가스, 양극에서 산소가스가 발생하여 매우 위험하다.

✔ 원래 이차전지로서 개발하기 시작했기 때문에 산화은전지도 어느 정도 충전할 수 있지만, 충전이 금지되어 있다.

✔ 일차전지 중 가장 전기 밀도가 높은 아연-공기전지는 충전이 가능한 타입의 개발이 보고되고 있어 향후 기대할 만하다.

1000℃ 이상의 고온에서 구운 비장탄은 탄소 결정이 규칙적으로 배열되어 있기 때문에, 탄소 층 사이를 전자가 이동하기 쉬워 전기가 잘 통합니다. 이번에는 알루미늄 포일과 비장탄에 부착된 산소로 공기전지(2-10)를 만들어 봅시다.

준비물

• 비장탄	• 알루미늄 포일
• 키친 페이퍼	• 실험용 전자 오르골(또는 실험용 발광 다이오드)
• 식염수(염화나트륨 수용액)	• 리드선

실험 방법

① 끓인 물에 녹일 수 있을 만큼의 소금을 넣어 진한 소금물을 만들고, 식으면 키친 페이퍼를 적십니다. 이 키친 페이퍼를 비장탄에 감고, 그 위를 다시 알루미늄 포일로 감습니다. 이때 알루미늄 포일이 비장탄에 직접 닿지 않도록 주의하세요.

② 실험용 전자 오르골의 음극을 알루미늄 포일에, 양극을 비장탄에 리드선으로 연결하여 소리가 나는지 확인합시다.

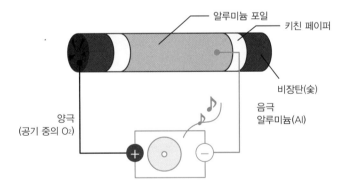

알루미늄 포일 키친 페이퍼

비장탄(숯)

양극
(공기 중의 O₂)

음극
알루미늄(Al)

우리 생활을 격변시킨 전지

리튬이온전지와 동료들 · 리튬계 전지

Battery

≫ 리튬금속을 사용하지 않는 선택

스마트폰에서 전기자동차까지

이차전지 중에서도 2019년에 노벨화학상을 수상한 **리튬이온전지**(LIB)는 이제 우리 생활에 없어서는 안 될 존재입니다. 1991년 **일본에서 처음 상품화된 이후, 스마트폰이나 노트북의 소형화에 기여해 왔으며 최근에는 전기자동차에서 가장 중요한 기술**이 됐습니다(그림 4-1).

리튬금속을 사용한 이차전지

이미 1950년대에는 음극 전극으로 **리튬금속**을 사용한 충전할 수 없는 리튬일차전지가 등장했습니다. 1970년대 미국에서 이를 이차전지로 발전시키기 위한 연구 개발이 진행됐고, 1987년에 캐나다에서 휴대전화용으로 이황화몰리브덴-리튬전지로 상품화됐습니다. 그러나 이 전지는 음극에 사용한 리튬금속에서 발생하는 덴드라이트로 인한 발화 사고로 보급되지 못했습니다. 사고 이후로도 덴드라이트 문제는 해결되지 않았고, 지금까지도 리튬금속을 사용하는 이차전지의 상용화는 이루어지지 않았습니다.

금속을 사용하지 않는 선택

그래서 등장한 것이 리튬금속이 아닌 리튬이온을 사용하는 방법입니다(그림 4-2). 니켈-수소전지(3-13)에서는 음극 전극의 수소저장합금 틈으로 수소가 나오거나 들어가는(**흡수되는**) 성질을 이용했습니다. 이와 마찬가지로 리튬이온이 들어갈 수 있는 틈을 가진 소재를 음극 활물질로 사용하여 리튬이온을 저장하는 방식을 생각해 낸 것입니다.

이온화 경향이 가장 큰 리튬금속(2-11)을 사용하지 않으므로, 물과 격렬한 반응을 일으켜서 발화하거나 충전 시 덴드라이트가 생겨 단락되는 문제가 해결됩니다.

그림 4-1 생활을 변화시킨 리튬이온전지

노트북 | 스마트폰 · 태블릿 | 휴대용 배터리

가정용 로봇 | 산업용 로봇 | 재생에너지 저장

휴대용 게임기 | 전기자동차

리튬이온전지의 활용 예

무거운 휴대전화에서 스마트폰으로

무거운 노트북 컴퓨터에서 태블릿으로

⇒ 생활을 편리하게!

그림 4-2 리튬계 전지

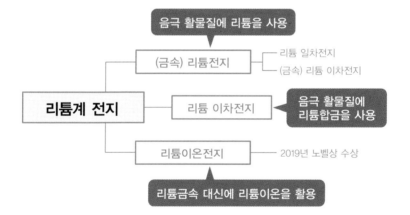

음극 활물질에 리튬을 사용

(금속) 리튬전지 ─ 리튬 일차전지
                    └ (금속) 리튬 이차전지

리튬계 전지 ─ 리튬 이차전지 ─ 음극 활물질에 리튬합금을 사용

리튬이온전지 ─ 2019년 노벨상 수상

리튬금속 대신에 리튬이온을 활용

Point

✔ 이차전지 중에서도 리튬이온전지는 2050년 탄소 중립의 열쇠를 쥐고 있다. 전기자동차에서 가장 중요한 기술이다.

✔ 과거 리튬금속을 사용한 이차전지가 상품화됐으나, 덴드라이트에 의한 발화 사고로 보급되지 못했다.

✔ 리튬이온전지는 안전에 문제가 있는 리튬금속을 사용하지 않고, 리튬이온을 흡수하는 재료를 전극으로 활용하려는 아이디어에서 출발했다.

» 세계 최초의 리튬이온전지 탄생

리튬이온을 저장 및 방출하는 흑연 //////////////////////////

최종적으로 음극 활물질에 리튬이온을 저장하는 재료로 선택된 것은 탄소 소재인 **흑연**Graphite이었습니다. 이는 리튬이온전지의 성공 요인으로 꼽히고 있습니다.

흑연은 탄소로 이루어진 원소 광물의 일종으로, 탄소 원자가 육각형으로 규칙적으로 배열된 판 모양의 결정체가 적층된 **층상구조**로 되어 있습니다(그림 4-3). 각 층의 판 상 면과 면 사이는 약하게 결합되어 있어, 이곳에서 리튬이온을 저장하거나 방출할 수 있습니다. 또한 흑연의 기본적인 결정 구조에는 변화가 없습니다. 이처럼 **결정을 구성하는 층상구조 물질 사이에 원자나 이온이 저장되고 방출되는 현상**을 **인터칼레이션**Intercalation **반응**이라고 합니다.

흑연에 리튬이온을 저장하면, 원리상 다음과 같이 탄소 원자 6개로 이루어진 육각형 그리드에 리튬이온 1개가 인터칼레이션합니다.

$$6C + Li^+ + e^- \rightarrow LiC_6$$

리튬이온전지의 음극 활물질에 흑연을 사용한 경우, 리튬이온이 흑연 층에 저장됐을 때가 충전이 완료된 상태입니다.

세계 최초의 리튬이온전지의 탄생 //////////////////////////

현재 양극 활물질로 가장 많이 사용하는 리튬코발트산화물은 리튬이온만 인터칼레이션할 수 있는데, 1980년 존 구디너프John Goodenough(영국)와 미즈시마 고이치水島公一(일본)에 의해 그 전기화학적 특징이 발견됐습니다. 리튬코발트산화물(LCO)전지는 음극 활물질에 흑연, 양극에 리튬코발트산화물을 사용하며, 1985년 요시노 아키라吉野彰 등이 특허를 취득했고 1991년 세계 최초로 상품화된 후 현재까지도 표준이 되고 있습니다(그림 4-4).

그림 4-3 흑연의 결정 구조

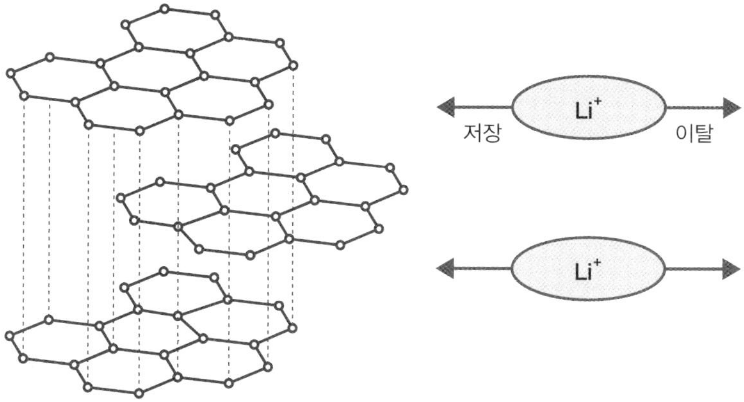

Li⁺

저장   이탈

Li⁺

그림 4-4 1991년에 발매된 세계 최초의 리튬이온전지

출처: EE Times Japan "소니가 전지 사업을 무라타
제작소에 양도"
(URL: https://eetimes.itmedia.co.jp/ee/
articles/1607/28/news130.html)

Point

✔ 리튬이온을 저장하는 재료로 선택된 것은 흑연으로, 흑연은 결정 면과 결정 면 사
   이에 리튬이온을 삽입할 수 있다. 이를 인터칼레이션 반응이라고 한다.

✔ 흑연을 사용하면 원리상 탄소 원자 6개로 이루어진 육각형 격자에 리튬이온 1개가
   저장된다.

✔ 음극 활물질에 흑연, 양극에 리튬코발트산화물을 사용한 리튬이온전지는 1991년
   일본에서 세계 최초로 상용화에 성공했다.

≫ 획기적인 전지 반응을 이용한 방전

인터칼레이션 반응을 이용한 방전 반응 ////////////////////////////////////

리튬이온전지에서는 **리튬이온의 인터칼레이션**에 의한 산화환원반응에 의해 충전과 방전이 이루어집니다.

그림 4-5처럼 방전 시에는 음극 활물질에 저장되어 있던 리튬이 전자와 함께 방출되어 산화되면서 리튬이온이 됩니다(산화반응). 전해질을 통해 양극 쪽으로 이동한 리튬이온은 양극 활물질에 저장되고 도선을 통해 이동한 전자를 받아들여 환원됩니다(환원반응).

리튬코발트산화물전지의 방전 반응 ////////////////////////////////////

음극 활물질에 흑연, 양극에 **리튬코발트산화물**($LiCoO_2$)을 사용한 **리튬코발트산화물전지**의 전지 반응은 다음과 같습니다(그림 4-6).

원리상으로는 탄소 원자 6개에 리튬이온 하나가 저장되지만(4-2), 실제로는 모든 탄소 육각형 격자가 리튬이온을 저장하는 것은 아닙니다. 그래서 미리 충전됐을 때 음극 활물질인 흑연은 탄소 원자 6개에 n개의 리튬이온이 들어있다고 가정합니다.

방전 시에는 들어있던 n개의 리튬이온과 전자가 방출됩니다(산화반응). 여기서 n은 0~1 사이의 값입니다.

전해질 속을 이동해 온 n개의 리튬이온은 양극 활물질인 리튬코발트산화물에 저장되고 도선을 따라 이동한 전자를 받아들입니다(환원반응). 양극의 리튬코발트산화물은 미리 충전됐을 때 n개의 리튬이온이 빠진 상태이므로 $Li_{(1-n)}CoO_2$로 표현합니다. 전체 방전 반응은 다음과 같습니다.

> 음극: $Li_nC_6 \rightarrow 6C + nLi^+ + ne^-$
> 양극: $ne^- + nLi^+ + Li_{(1-n)}CoO_2 \rightarrow LiCoO_2$
> 전체: $Li_nC_6 + Li_{(1-n)}CoO_2 \rightarrow 6C + LiCoO_2$

그림 4-5 리튬코발트산화물전지의 방전 반응 구조

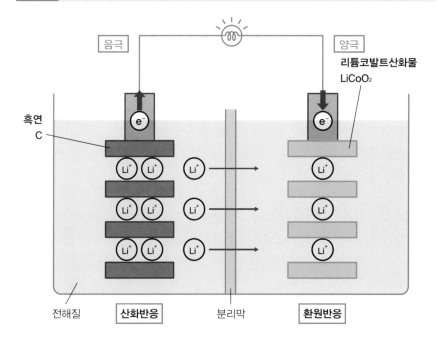

음극

양극

리튬코발트산화물
LiCoO₂

흑연
C

e⁻

e⁻

Li⁺ Li⁺ Li⁺ → Li⁺

Li⁺ Li⁺ Li⁺ → Li⁺

Li⁺ Li⁺ Li⁺ → Li⁺

전해질 **산화반응** 분리막 **환원반응**

그림 4-6 방전 반응 전후의 리튬이온

	음극	양극
방전 전(충전 종료 후)	n개	(1−n)개
	Li_nC_6	$Li_{(1-n)}CoO_2$
방전 종료 후	0개	1개
	6C	$LiCoO_2$

$0 < n < 1$

Point

✔ 리튬이온전지에서는 리튬이온의 인터칼레이션에 의한 산화환원반응을 이용해 충전 및 방전한다.

✔ 방전 시 음극 활물질에 저장되어 있던 리튬은 전자와 함께 방출되므로 리튬이온이 되어 산화된다.

✔ 전해질 속에서 양극(+) 쪽으로 이동한 리튬이온은 양극 활물질에 저장되고 전자를 받아서 환원된다.

Chapter 4

우리 생활을 격변시킨 전지

≫ 획기적인 전지 반응을 이용한 충전

인터칼레이션 반응을 이용한 충전 반응

리튬이온전지를 **충전할 때는 방전의 역반응이 일어납니다**(그림 4-7). 양극 활물질에 흡수되어 있던 리튬은 전자와 함께 방출되면서 산화되어 리튬이온이 됩니다(산화반응). 전해질을 통해 음극 쪽으로 이동한 리튬이온은 음극 활물질에 저장되며 도선을 따라 이동한 전자를 받아들여 환원됩니다(환원반응).

리튬코발트산화물전지의 충전 반응

리튬코발트산화물전지의 충전 반응은 다음과 같습니다(그림 4-8). 양극 활물질인 리튬코발트산화물에 저장되어 있던 n개의 리튬이온과 전자가 방출됩니다(산화반응). n개의 리튬이온을 방출한 리튬코발트산화물에는 (1-n)개의 리튬이 남습니다. 전해질 속을 이동해 온 n개의 리튬이온은 음극 활물질인 흑연에 저장되어, 도선을 통해 이동해 온 전자를 받습니다(환원반응).

양극: $LiCoO_2 \rightarrow {}_n e^- + nLi^+ + Li_{(1-n)}CoO_2$
음극: $6C + nLi^+ + ne^- \rightarrow Li_nC_6$
전체: $6C + LiCoO_2 \rightarrow Li_nC_6 + Li_{(1-n)}CoO_2$

이온의 왕복

리튬이온의 인터칼레이션 반응에서는 **이온이 왕복**할 뿐이고 리튬금속은 생성되지 않으므로, 덴드라이트 문제(4-1)가 없고 안전성이 높아졌습니다. **전극의 용해 및 석출**을 수반하지 않아, 충방전 효율이 좋아지고 메모리 효과(3-5)도 발생하지 않습니다. 리튬이온전지처럼 이온이 들어오고 나가면서 충전하고 방전하는 전지를 '흔들의자'의 움직임에 비유하여 **흔들의자형 전지**라고 부릅니다.

그림 4-7 리튬코발트산화물전지의 충전 반응 구조

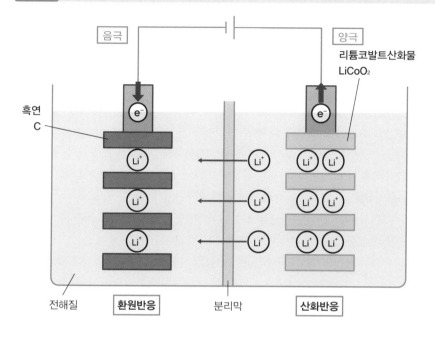

그림 4-8 충전 반응 전후의 리튬이온

	음극	양극
충전 전(방전 종료 후)	0개	1개
	6C	$LiCoO_2$
충전 종료 후	n개	$(1-n)$개
	Li_nC_6	$Li_{(1-n)}CoO_2$

$$0 < n < 1$$

Point

✔ 리튬이온전지를 충전할 때 양극 활물질의 리튬은 산화되어 리튬이온이 되고, 전해질 속으로 이동하여 음극 활물질로 환원된다.

✔ 리튬이온의 인터칼레이션 반응은 덴드라이트 문제가 없을 뿐만 아니라 충방전 효율이 좋고 메모리 효과도 발생하지 않는다.

✔ 리튬이온전지처럼 이온의 왕복으로 충방전하는 전지를 '흔들의자'의 움직임에 비유하여 흔들의자형 전지라고 부른다.

≫ 강력한 표준형 리튬이온전지

코발트를 둘러싼 불편한 현실 \\

리튬코발트산화물전지(LCO)의 양극 활물질로 사용되는 **코발트**는 고가의 희소 금속입니다. 그래서 오랫동안 저렴한 양극 활물질을 사용하려는 연구가 계속됐지만, 현재도 코발트가 주류입니다. 왜냐하면 우선 리튬코발트산화물은 비교적 쉽게 제조할 수 있고 취급하기도 간편하기 때문입니다. 또한 후발주자인 리튬이온전지와 비교해도 **기전력이 3.7V로 압도적으로 높아 성능이 좋다**는 점을 들 수 있습니다.

하지만, 그림 4-9와 같이 코발트를 채굴할 수 있는 국가는 제한적이며, 특히 독재적인 국가에서의 환경 및 인권 문제가 지적되고 있습니다. 게다가 매장량도 명확하지 않아 자원 고갈 문제도 대두되고 있으나, 여전히 사용되고 있는 것이 현실입니다.

코발트가 최강인 이유와 사용상의 주의점 \\

리튬이온전지의 장점은 그대로 리튬코발트산화물전지의 장점이라고 할 수 있습니다. 우선 리튬의 이온화 경향이 크기 때문에(그림 1-14) 다른 이차전지보다 전압이 높고 용량이 큽니다(그림 4-10). 리튬을 사용하면 **에너지 밀도**가 압도적으로 높고 가벼운 제품을 만들 수 있습니다. 또한 자가방전율이 낮고 사이클 수명이 길어 여러 번 반복적으로 충방전하여 사용할 수 있습니다. 유해한 중금속을 사용하지 않으므로 환경에 미치는 영향도 적습니다. 리튬 일차전지와 마찬가지로 전해질에 **유기용매**를 사용하므로 빙점 이하의 낮은 온도에서도 사용할 수 있습니다(2-11).

반면, 코발트계 결정은 변형되기 쉬운 층상암염 구조라 과충전 및 과방전 시 내부 소재가 열화되어 성능이 현저히 저하됩니다. 또한 고온에서 전해질의 유기용매가 분해되어 가스가 발생하므로 발화 위험성이 있습니다. 이 때문에 전기자동차용으로는 리튬코발트산화물전지를 사용하지 않습니다. 또한 발화 사고 방지를 위해 분리막은 폴리머를 여러 겹으로 겹치거나 무기소재 등을 이용하기 때문에 비용이 높아집니다.

그림 4-9   전 세계 코발트 매장량(단위: 톤)

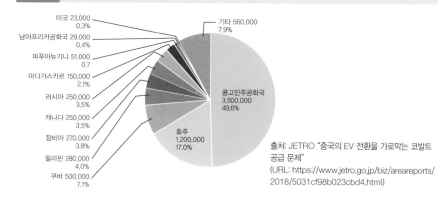

출처: JETRO "중국의 EV 전환을 가로막는 코발트 공급 문제"
(URL: https://www.jetro.go.jp/biz/areareports/2018/5031cf98b023cbd4.html)

미국 23,000
0.3%
남아프리카공화국 29,000
0.4%
파푸아뉴기니 51,000
0.7
마다가스카르 150,000
2.1%
러시아 250,000
3.5%
캐나다 250,000
3.5%
잠비아 270,000
3.8%
필리핀 280,000
4.0%
쿠바 500,000
7.1%
기타 560,000
7.9%
콩고민주공화국
3,500,000
49.6%
호주
1,200,000
17.0%

그림 4-10   이차전지의 에너지 밀도

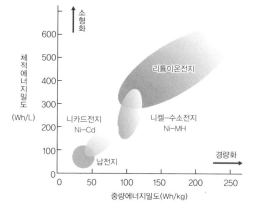

체적에너지밀도 (Wh/L)
소형화
600
500
400
300
200
100
0
리튬이온전지
니카드전지 Ni-Cd
니켈-수소전지 Ni-MH
납전지
경량화
0   50   100   150   200   250
중량에너지밀도(Wh/kg)

출처: 국립연구개발법인 신에너지·산업기술종합개발기구(NEDO) "상식을 뒤엎는 발상으로 혁신적인 리튬이온전지 개발·도시바 주식회사" (URL: https://www.nedo.go.jp/hyoukabu/articles/201901toshiba/)

Point

✔ 코발트 채굴은 독재적인 국가에서의 환경 및 인권 문제가 지적되거나 자원 고갈 문제도 제기되는 등 사용상 문제점이 많다.

✔ 리튬코발트산화물전지는 고전압, 대용량, 높은 에너지 밀도, 낮은 자가방전율, 긴 사이클 수명 등 장점이 많다.

✔ 반면 과충전·과방전에 약하고 고온에서는 발화 위험이 있어, 발화 사고를 방지하기 위한 설계 비용이 많이 든다는 단점이 있다.

≫ 리튬이온전지의 형태와 용도

저비용 고용량 원통형 전지

리튬이온전지는 용도에 따라 원통형, 각형, **래미네이트형**이 있으며, 단추형, 핀형처럼 소형화 및 경량화가 진행되고 있습니다. 특히 원통형은 가장 낮은 비용으로 가장 높은 용량을 얻을 수 있습니다. 1991년에 처음으로 양산된 리튬이온전지도 원통형이었습니다. 리튬이온전지는 노트북, 가전제품, 전기자전거, 전기자동차 등 많은 제품에서 사용됩니다.

리튬코발트산화물전지는 음극에 카본을 도포한 얇은 구리 박판과 양극에 리튬코발트 산화물을 도포한 얇은 알루미늄 박판을 전해질인 유기용매를 도포한 분리막으로 감싼 스파이럴 구조(2-12)로 되어 있습니다(그림 4-11). 또한 전지 내부 온도 및 압력 상승으로 인한 폭발 사고를 방지하기 위해 니켈-수소전지(3-13, 3-14)처럼 가스 배출 밸브가 장착되어 있습니다.

다양한 형태와 활약하는 분야

각형이라고 해도 두께가 얇아 스마트폰, 모바일 음악 플레이어, 디지털 카메라, 휴대용 게임기 등에 사용되고 있습니다. 원통형 전지의 외장 용기가 철제인 반면, 각형은 알루미늄이 주류입니다(그림 4-12).

각형 알루미늄 용기 대신 **래미네이트 필름**을 사용한 것이 래미네이트형입니다. 전해질이 액체인 것과 젤 안에 액체 전해질을 봉인한 **폴리머형**이 있는데, 폴리머형 전지는 전해액이 새지 않습니다(4-12). 래미네이트형은 얇고, 가볍고, 제조 비용도 비교적 저렴합니다. **무게 대비 표면적이 넓고 방열성이 뛰어나 전지의 온도 상승을 방지**할 수 있어 드론, 전기 오토바이, 무인 운반 차량 등에 사용되고 있습니다.

또한, 단추형과 핀형이 양산되면서 보청기, 무선 이어폰, 스마트 밴드로 리튬이온전지의 활용 분야는 계속 넓어지고 있습니다.

그림 4-11   원통형 리튬코발트산화물전지의 구조

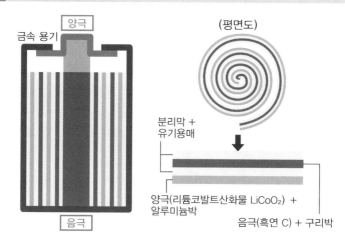

양극
금속 용기

(평면도)

분리막 +
유기용매

양극(리튬코발트산화물 LiCoO₂) +
알루미늄박

음극(흑연 C) + 구리박

음극

그림 4-12   래미네이트형 리튬코발트산화물전지의 구조

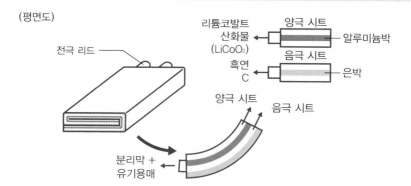

(평면도)

전극 리드

리튬코발트
산화물
(LiCoO₂)

양극 시트

알루미늄박

흑연
C

음극 시트

은박

양극 시트

음극 시트

분리막 +
유기용매

Point

✔ 리튬이온전지는 용도에 따라 원통형, 각형, 래미네이트형, 단추형, 핀형 등 다양한 형태가 있다.

✔ 원통형은 가장 저렴한 비용으로 가장 높은 용량을 얻을 수 있다. 1991년 처음 양산된 리튬이온전지도 원통형이었다.

✔ 래미네이트형은 각형 알루미늄 용기 대신 래미네이트 필름을 사용한 형태로, 전해질이 액체인 것과 폴리머 상태인 것이 있다.

≫ 리튬이온전지의 분류

음극 활물질을 이용한 분류

리튬코발트산화물전지 외에도 여러 가지 실용화된 리튬이온전지가 있습니다. 그 대부분은 **음극 활물질로 가장 많은 리튬이온을 인터칼레이션할 수 있는 흑연을 사용**합니다(그림 4-13).

최근에는 흑연 대신 리튬티탄산화물(LTO)이 재평가되어, 이를 음극 활물질로 사용한 리튬이온전지가 실용화됐습니다.

양극 활물질을 이용한 분류

양극 활물질은 전지를 조립할 때 리튬이온을 외부에서 공급하지 않아도 되도록, 예를 들어 리튬코발트산화물처럼 **리튬이온을 함유**하고 있어야 합니다.

리튬이온전지를 양극 활물질로 분류하면 코발트계, 망간계, 인산계, 삼원계(NCM계 또는 NMC계), 니켈계(NCA계)로 분류됩니다(그림 4-14). 이들 전지에서는 음극 활물질로 흑연이 사용됩니다.

또한 자동차용으로 적합하지 않았던 코발트계(4-5) 외에는 모두 자동차용으로 개발됐습니다. 망간계는 리튬망간산화물, 인산계는 리튬인산철이 대표적인 양극 활물질입니다.

삼원계는 리튬코발트산화물의 코발트 일부를 니켈과 망간으로 대체해 세 가지 금속 원소로 구성된 비교적 새로운 **복합 재료**입니다.

니켈계는 리튬니켈산화물의 니켈을 기반으로 일부를 코발트로 대체하고 알루미늄을 첨가해 세 가지 금속 원소로 구성된 복합 재료입니다.

그림 4-13   음극 활물질을 이용한 분류

그림 4-14   양극 활물질을 이용한 분류

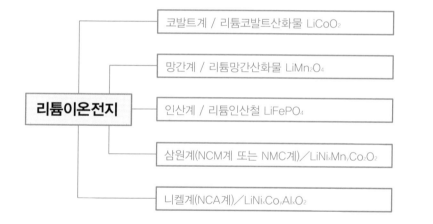

Point

- ✔ 리튬이온전지를 음극 활물질로 분류하면 흑연과 리튬티탄산화물로 나뉜다.
- ✔ 리튬이온전지의 양극 활물질은 리튬이온을 외부에서 공급하지 않아도 되도록 리튬이온을 함유해야 한다.
- ✔ 리튬이온전지를 양극 활물질로 분류하면 코발트계, 망간계, 인산계, 삼원계(NCM계 또는 NMC계), 니켈계(NCA계)로 나뉜다.

≫ 탈코발트 리튬이온전지

코발트를 쓰지 않아 저렴한 가격이 매력 //

리튬망간산화물전지(LMO)는 음극 활물질로 흑연, 양극 활물질로 **리튬망간산화물**($LiMn_2O_4$)을 사용하는 이온전지입니다.

리튬코발트산화물은 우수한 소재이지만, 코발트에는 몇 가지 문제가 있어(4-5) 탈코발트 리튬이온전지 개발이 추진됐습니다. 개발된 리튬망간산화물전지는 리튬코발트산화물전지보단 못하지만 고전압에 고용량입니다. 또한, **양극 활물질로 코발트 대신 사용하는 주원료 망간이 저렴하고 환경 친화적이며 제조가 용이**하다는 장점도 있습니다(그림 4-15). 하지만 리튬코발트산화물전지보다 에너지 밀도와 사이클 수명이 떨어진다는 단점이 있습니다. 전지 반응은 다음과 같습니다.

음극: $Li_xC_6 \rightleftarrows 6C + {}_xLi^+ + {}_xe^-$

양극: $Li_{1-x}Mn_2O_4 + {}_xLi^+ + {}_xe^- \rightleftarrows LiMn_2O_4$

전체: $Li_xC6 + Li_{1-x}Mn_2O_4 \rightleftarrows 6C + LiMn_2O_4$

변형되기 어려운 스피넬형 결정 구조 //

양극 활물질로 사용된 리튬망간산화물의 가장 큰 특징은 결정 구조가 견고한 **스피넬 구조**이기 때문에 열 안정성이 높다는 점입니다(그림 4-16).

리튬코발트산화물의 결정은 변형되기 쉬운 층상암염 구조이기 때문에(4-5), 리튬이온이 인터칼레이션 반응을 반복하면 충방전할 수 없게 됩니다.

반면에 스피넬 구조는 인터칼레이션 반응에 의한 변형이 일어나지 않아 과충전과 과방전에 대한 내성이 강하고 급속 충방전이 가능해 전기자동차용으로 채택되기도 했습니다. 그러나 고온에서 충방전을 반복하면, 망간이 용출되기 쉬워지고 전기 용량 저하 및 산소 방출로 인한 발화 사고(4-9) 우려가 있습니다.

그림 4-15 | **망간 가격 동향**

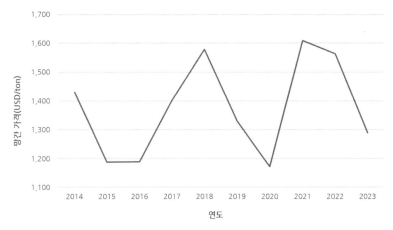

가격 기준: Ferro manganese 75% HC FOB China(CN)
출처: 한국자원정보서비스 가격/전망지표(URL: https://www.komis.or.kr/komis/price/
mineralprice/minormetals/pricetrend/minorMetals.do)

그림 4-16 | **리튬망간산화물 결정의 스피넬 구조**

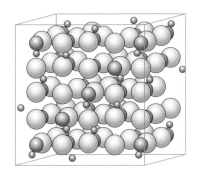

$LiM_2O_4 (= Li_{1/2}MO_2)$
(M: 여기서는 Mn)
Li/M=0.5

※각각 다음을 의미함

◯ =O ◯ =M ● =Li

출처: ITmedia NEWS "리튬이온 이차전지용
양극에 신소재 코발트 3분의 1로 줄여"
(URL: https://www.itmedia.co.jp/news/
articles/0404/01/news085.html)

Point

✔ 리튬망간산화물전지는 고전압, 고용량이면서 원재료가 저렴하고 친환경적이며 제조가 용이하지만, 리튬코발트산화물전지에 비해 에너지 밀도 및 사이클 수명이 떨어진다.

✔ 리튬망간산화물은 결정 구조가 견고한 스피넬 구조라서 인터칼레이션 반응으로 인한 변형이 일어나지 않아 열 안정성이 높다.

✔ 고온에서 충방전을 반복하면 망간이 용출되기 쉬워 전기 용량 열화나 산소 방출로 인한 발화사고가 발생하기 쉽다.

≫ 세계적인 전기차 메이커가 선택한 리튬이온전지

안전성이 높은 올리빈 구조

리튬인산철전지(LFP)는 음극 활물질로 흑연, 양극 활물질로 **리튬인산철**($LiFePO_4$)을 사용하는 전지입니다.

양극 활물질인 리튬인산철의 가장 큰 장점은 산소와 인이 강하게 결합된 **올리빈 구조**라는 점입니다(그림 4-17). 따라서 리튬의 인터칼레이션 반응으로 인한 결정 변형이 일어나지 않아 전기자동차에 필수적인 급속 충방전이 가능하며, 자가방전율이 낮아 장기 보관이 가능하고 사이클 수명도 깁니다. 또한 **발화 원인이 되는 산소가 방출되지 않으므로 산소 원자가 쉽게 이탈해 연소 및 폭발을 일으키는 망간계(4-8)보다 전지의 열 안정성이 더 높아집니다.**

무엇보다 주원료가 철과 인이라서 망간계보다 생산 비용이 저렴하고, 자원 고갈이나 환경 문제가 없다는 점도 매력적입니다. 전지 반응은 다음과 같습니다.

음극: $Li_xC_6 \rightleftarrows 6C + xLi^+ + xe^-$

양극: $Li_{1-x}FePO_4 + xLi^+ + xe^- \rightleftarrows LiFePO_4$

전체: $Li_xC_6 + Li_{1-x}FePO_4 \rightleftarrows 6C + LiFePO_4$

유명 기업에서 선택해 주목받는 전지

반면에 리튬인산철전지는 전압과 에너지 밀도가 낮다는 단점이 있었습니다. 이는 리튬인산철의 낮은 전도성 때문인데, 순간적으로 큰 전력을 필요로 하는 전기자동차에 적합하지 않다는 지적이 있었습니다.

하지만 연구 개발을 거듭하면서 활물질의 미분화, 탄소분말 코팅 등을 통해 에너지 밀도 문제가 개선되고 있습니다. 게다가 다른 금속을 첨가해 개량된 전지가 테슬라 전기자동차에 채택되어 화제가 되면서 전 세계적으로 주목을 받고 있습니다(그림 4-18).

그림 4-17 리튬인산철전지의 올리빈 구조

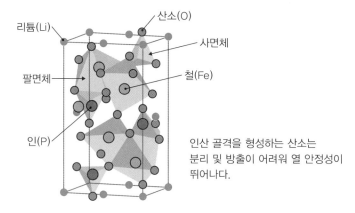

리튬(Li)

산소(O)

사면체

팔면체

철(Fe)

인(P)

인산 골격을 형성하는 산소는
분리 및 방출이 어려워 열 안정성이
뛰어나다.

출처: 시라이시 타쿠 "처음 읽는 2차전지 이야기"(플루토, 2022년)

그림 4-18 전기자동차의 리튬인산철전지 활용 사례

출처: TESMANIAN "Tesla Model Y with
Structural Battery May Already Be in
Production, Owner's Manual Hints"
(URL: https://www.tesmanian.com/
blogs/tesmanian-blog/teslamodel-y-
with-structuralbattery-may-already-be-
inproduction-owner-s-manualhints)

Point

✔ 양극의 리튬인산철은 올리빈 구조로 되어 있어 리튬이온의 인터칼레이션에 의한
결정의 변형이 없어 급속 충방전을 할 수 있다.

✔ 망간계 전지처럼 발화 원인인 산소가 방출되지 않아 열 안정성이 우수하다.

✔ 리튬인산철전지는 전기자동차에 적합하지 않다고 여겨졌지만, 개선된 리튬인산철
전지가 테슬라의 전기자동차에 채택되어 주목을 받고 있다.

≫ 코발트계의 결점을 보완한 리튬이온전지

세 가지 원소를 혼합해 성능을 높인다

삼원계(NCM계 또는 NMC계) 리튬이온전지는 음극 활물질에 흑연, 양극 활물질에 **삼원계**로 불리는 '니켈-코발트-망간 복합산화물'을 사용하는 전지입니다.

니켈-코발트-망간 복합산화물($LiNi_xCo_yMn_zO_2$)은 리튬코발트산화물($LiCoO_2$)에서 코발트의 일부를 니켈과 망간으로 대체해 강도를 강화한 것입니다(그림 4-19).

니켈, 코발트, 망간은 모두 리튬을 인터칼레이션할 수 있는 원소지만 각각 단점이 있습니다. 그래서 **각 원소를 혼합해 각각의 단점을 해소하기 위해 탄생**한 것이 삼원계 소재입니다. 세 가지 원소의 비율은 현재도 연구 개발을 통해 다양하게 검토되고 있습니다. 원소 비율에 따라 약간의 성능 차이가 있는데, 여기서는 **삼종 혼합** 비율을 xyz로 표시합니다.

삼원계에 포함된 망간은 +4가 망간이온 상태로 존재하며, 리튬이온의 인터칼레이션 반응에는 관여하지 않고 재료 안에서 격자를 유지하는 역할을 합니다. 삼원계 리튬의 인터칼레이션 반응은 대부분 니켈과의 산화환원반응으로 리튬망간산화물전지처럼 망간과는 반응하지 않는 것으로 알려져 있습니다.

코발트계의 문제점을 개선

삼원계의 결정은 층상암염 구조로 되어 있지만, 원소 비율에 따라 안정화되어 변형되기 어려운 구조를 만들 수 있습니다. 이를 양극(+)에 사용한 삼원계 리튬이온전지는 열 안정성이 우수하고 사이클 수명도 길어 하이브리드 자동차와 일부 전기자동차에 채택되고 있습니다(그림 4-20). 하지만, 과충전이나 물리적인 충격으로 단락될 위험성은 여전히 존재합니다.

그림 4-19 니켈 함유 전지와 니켈 비함유 전지의 에너지 밀도 비교

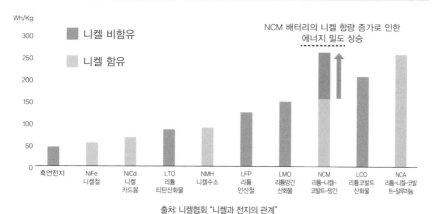

출처: 니켈협회 "니켈과 전지의 관계"
(URL: https://www.nickel-japan.com/magazine/pdf/Nickel_Battery_JP.pdf)

그림 4-20 니켈, 코발트, 리튬의 가격 추이

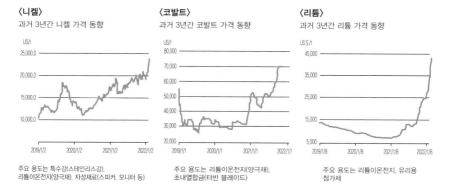

〈니켈〉
과거 3년간 니켈 가격 동향

주요 용도는 특수강(스테인리스강),
리튬이온전지(양극재), 자성재료(스피커, 모니터 등)

〈코발트〉
과거 3년간 코발트 가격 동향

주요 용도는 리튬이온전지(양극재),
초내열합금(터빈 블레이드)

〈리튬〉
과거 3년간 리튬 가격 동향

주요 용도는 리튬이온전지, 유리용
첨가제

출처: 경제산업성 "축전지 산업의 경쟁력 강화를 향해서"
(URL: https://www.meti.go.jp/policy/mono_info_service/joho/conference/battery_strategy/0002/03.pdf)

Point

✔ 삼원계 리튬이온전지는 양극에 삼원계라고 불리는 니켈-코발트-망간 복합산화물
을 사용한 이차전지이다.

✔ 삼원계 결정은 층상암염 구조이지만, 원소의 비율에 따라 안정화되어 변형이 잘 일
어나지 않는 구조로 만들 수 있다.

✔ 삼원계 리튬이온전지는 열 안정성이 우수하고 사이클 수명이 길어 하이브리드 자
동차 및 일부 전기자동차에 탑재되고 있다.

》 니켈계의 결점을 보완한 리튬이온전지

리튬니켈산화물 전지의 단점 개선

니켈계(NCA계) 리튬이온전지는 음극 활물질에 흑연, 양극 활물질에 **니켈계(NCA계)**라고 불리는 '니켈-코발트-알루미늄 복합산화물'을 사용한 전지입니다.

코발트를 쓰지 않는 양극 소재가 요구되는 가운데, **리튬니켈산화물**($LiNiO_2$)을 이용한 리튬니켈산화물전지가 개발됐습니다. 이 전지는 값이 싸고 용량이 크지만, 사이클 수명이 짧고 충전 시 열 안정성이 떨어지는 단점이 있었습니다.

이러한 단점을 개선하고자 니켈의 일부를 코발트로 대체하고, 내열성을 높이기 위해 알루미늄을 첨가한 것이 니켈계 소재($LiNi_xCo_yAl_zO_2$)입니다(그림 4-21). 원소 비율에 따라 조금 성능 차이가 있는데, 비율은 xyz로 표시합니다.

여기서 알루미늄은 활물질로서 리튬이온의 인터칼레이션 반응에 관여하지 않으므로, 알루미늄을 첨가하면 양극의 용량은 감소하지만, 코발트가 이를 보완해 줍니다. 이처럼 니켈계에서는 구성 원소의 비율에 따라 양극의 성능이 달라지기 때문에, 최적의 비율을 찾는 것이 중요하며 현재도 연구가 계속되고 있습니다.

주행 거리가 중요한 차량에 채택된 이유

니켈계는 층상암염 구조로 되어 있지만, 원소 비율에 따라 안정성이 높고 변형에 강한 구조를 만들 수 있습니다. 이를 양극에 사용한 니켈계 리튬이온전지는 **높은 열 안정성, 고용량, 긴 사이클 수명, 높은 에너지 밀도**라는 장점이 있습니다(그림 4-22).

이처럼 안전성이 확보됐기 때문에 주행 거리를 중시하는 플러그인 하이브리드 차량에 채택될 수 있었습니다.

그림 4-21 니켈계와 삼원계의 구성 성분

양극의 조직:

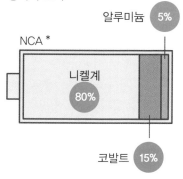

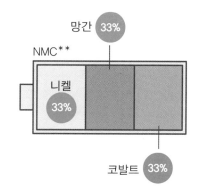

*   NCA: 니켈-코발트-알루미늄
** NMC: 니켈-망간-코발트

출처: 니켈협회 "니켈과 전지의 관계"
(URL: https://www.nickel-japan.com/magazine/pdf/Nickel_Battery_JP.pdf)

그림 4-22 리튬이온전지 성능 비교

Point

✔ 니켈계 리튬이온전지는 양극에 니켈계라고 불리는 니켈-코발트-알루미늄 복합산
화물을 사용한 이차전지이다.

✔ 니켈계는 층상암염 구조로 되어 있지만, 원소 비율에 따라 안정성이 높고 변형에
강한 구조를 만들 수 있다.

✔ 높은 열 안정성, 고용량, 긴 사이클 수명, 높은 에너지 밀도로 플러그인 하이브리드
자동차에 탑재된다.

» 래미네이트 보호된 리튬이온전지

전해질을 젤 상태로 만든다

리튬이온 폴리머전지(젤 폴리머 이차전지)는 전해질의 유기용매를 다공성 **폴리머**(고분자가 사슬이나 그물망 형태로 결합한 분자)에 포함시켜 **젤 상태**로 만든 전지입니다(그림 4-23). 젤 상태에서도 전해질의 이온 전도도는 액체와 거의 동일합니다. 이 젤 상태의 전해질은 분리막 역할도 합니다. 전극 재료와 전지 반응의 메커니즘은 기본적으로 동일한 전극 재료와 전해질을 사용한 리튬이온전지와 차이가 없습니다.

또한 음극 활물질인 아연과 양극 활물질인 리튬코발트산화물 등 리튬산화물도 젤 상태 고분자 전해질과 혼합되어 응고됩니다. 그 결과 전극 내 리튬이온의 이동과 전도성이 높아집니다.

철저하게 감싸서 사고를 예방한다

리튬이온 폴리머전지는 같은 종류의 리튬이온전지보다 에너지 밀도가 1.5배 높은 것으로 알려져 있습니다. 게다가 **가볍고 얇으며 어떤 형태의 제품으로도 가공할 수 있고 접을 수 있을 정도로 유연성이 뛰어납니다.**

또한, 전해질이 준고체 상태로 액체가 잘 새지 않고, 알루미늄과 합성수지 등을 여러 겹으로 접합한 래미네이트 필름으로 싸여 있어, 혹시라도 액체가 새거나 가스가 발생해도 파열의 위험이 없습니다(그림 4-24). 따라서 **안전성이 높아 스마트폰이나 일부 전기자동차에 탑재되고 있습니다.** 그러나 용도별로 설계 및 관리해야 하며, 다른 용도로 전환하기가 어려워 제조 비용이 커집니다.

그림 4-23 젤 폴리머 구조

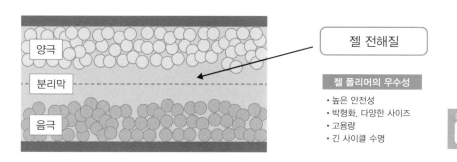

양극

분리막

음극

젤 전해질

젤 폴리머의 우수성

• 높은 안전성
• 박형화, 다양한 사이즈
• 고용량
• 긴 사이클 수명

Chapter
4

우리 생활 속 걱정시키는 전지

그림 4-24 리튬이온 폴리머전지의 기본 구조

젤 상태 전해질(분리막 기능도 한다)
(폴리머 + 전해질)

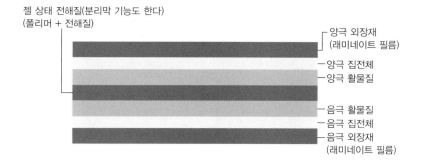

양극 외장재
(래미네이트 필름)
양극 집전체
양극 활물질
음극 활물질
음극 집전체
음극 외장재
(래미네이트 필름)

Point

✔ 리튬이온 폴리머전지는 래미네이트 형태이며, 전극 재료와 전지 반응 원리는 기본적으로 다른 리튬이온전지와 다르지 않다.

✔ 리튬이온 폴리머전지는 전해질이 젤 상태로 되어 있어, 준고체 상태로 잘 새지 않으며 엄격하게 다층으로 된 래미네이트 필름에 싸여 있다.

✔ 안전성이 높아 일부 전기자동차에 탑재되고 있으나, 용도별로 설계 관리가 필요하고 다른 용도로의 전환이 어려워 제조 비용이 많이 든다.

» 흑연 이외의 음극 활물질을 이용한 리튬이온전지

재평가되는 리튬티탄산화물

리튬이온전지의 음극 활물질로는 대부분 흑연(4-2)이 사용되지만, **리튬티탄산화물**을 사용하는 이차전지들도 등장하고 있습니다.

스피넬형 결정을 가진 리튬티탄산화물은 리튬을 인터칼레이션할 수 있지만, 음극 활물질로 사용할 경우 전압이 낮아서 주목받지 못했습니다. 하지만 **결정 격자가 견고하고 인터칼레이션 반응에 의한 변형이 일어나지 않아 충방전이 안정적이며 사이클 수명이 길어집니다.** 또한 리튬금속이 거의 석출되지 않아 덴드라이트가 발생할 걱정도 없습니다.

음극 및 양극에 스피넬형 구조를 사용

리튬티탄산화물전지(LTO) 중에서 가장 널리 보급된 것은 2008년 일본에서 상품화된 SCiB입니다(그림 4-25). 이는 음극 활물질로 리튬티탄산화물, 양극 활물질로 스피넬형 결정 구조로 된 리튬망간산화물(4-8)을 사용합니다(그림 4-26).

안전성이 높고 저온에서도 작동하며 급속 충전이 가능해서 하이브리드 자동차나 대규모 축전 시스템에 채택되고 있습니다.

하지만, 리튬티탄산화물은 절연체라 전도성을 좋게 하려면 탄소 코팅이 필요하고, 그에 따라 제조 비용이 상승한다는 단점이 있습니다.

리튬티탄산화물을 음극에 사용한 전지

SCiB 이외에도 양극 활물질에 리튬코발트산화물을 사용하는 코발트-티탄-리튬 이차전지가 실용화되어 있습니다. 또한 리튬인산철, 삼원계 재료, 리튬-니켈-망간산화물 등을 양극 활물질로 사용하는 전지도 있습니다.

그림 4-25 SCiB의 외관

출처: 도시바주식회사 "SCiB™ Rechargeable battery"
(URL: https://www.global.toshiba/ww/products-solutions/battery/scib.html)

그림 4-26 SCiB의 구조

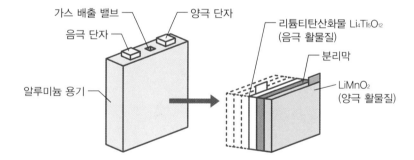

가스 배출 밸브
양극 단자
음극 단자
리튬티탄산화물 $Li_4Ti_5O_{12}$
(음극 활물질)
분리막
알루미늄 용기
$LiMnO_2$
(양극 활물질)

Point

✔ 대부분의 리튬이온전지가 음극 활물질로 흑연을 사용하지만, 리튬티탄산화물을 사
  용하는 이차전지도 등장하고 있다.

✔ SCiB는 안전성이 높고 저온에서 작동하며 및 급속 충전이 가능해서 하이브리드 자
  동차 및 대규모 축전 시스템에 채택됐다.

✔ 리튬티탄산화물은 절연체이므로 전도성을 좋게 하는 탄소 코팅이 필요해 제조 비
  용이 많이 든다.

≫ 리튬합금을 이용한 리튬 이차전지 ①

리튬금속을 합금화

음극 활물질로 리튬금속을 사용하면 덴드라이트가 발생하기 때문에(4-1), 그 대신 리튬 합금을 이용한 리튬 이차전지가 개발됐습니다. 이 전지는 소용량 동전형 전지로만 상품화됐습니다(그림 4-27).

양극에 이산화망간을 활용

이산화망간-리튬 이차전지는 음극 활물질로 **리튬-알루미늄 합금**(LiAl), 양극 활물질로 층상 구조로 된 이산화망간, 전해질로 유기용매를 사용합니다(그림 4-28). 방전 시 음극에서는 이산화망간-리튬 일차전지와 마찬가지로(2-12) 리튬이 전해질에 녹아서 리튬이온으로 산화됩니다. 리튬이온은 전해질을 통해 양극(+) 쪽으로 이동한 후 이산화망간과 인터칼레이션 반응을 일으키며 환원됩니다. 충전 시에는 그 역반응이 일어납니다.

음극: $LiAl \rightleftarrows Al + Li^+ + e^-$

양극: $MnO_2 + Li^+ + e^- \rightleftarrows MnO_2Li$

전체: $MnO_2 + LiAl \rightleftarrows MnO_2Li + Al$

백업 전원으로 활약 중

양극의 이산화망간은 충방전을 반복하면 열화하므로 개질된 것을 사용합니다. 이로써 **공칭 전압도 3V로 높아지고 사이클 수명도 길어지며 자가방전율도 낮아집니다.** 이산화망간-리튬 이차전지는 PC나 디지털 카메라 등의 백업 전원, 휴대용 전자기기의 전원으로 사용됩니다. 비슷한 전지로는 음극에 리튬-알루미늄 합금, 양극에 스피넬 구조를 가진 리튬망간산화물을 사용하는 공칭 전압 3V의 **망간-리튬 이차전지**가 있습니다.

그림 4-27 동전형 이산화망간-리튬 이차전지의 구조

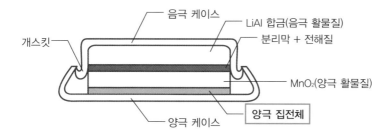

음극 케이스
LiAl 합금(음극 활물질)
개스킷
분리막 + 전해질
MnO₂(양극 활물질)
양극 집전체
양극 케이스

그림 4-28 이산화망간-리튬 이차전지의 충방전 반응 구조

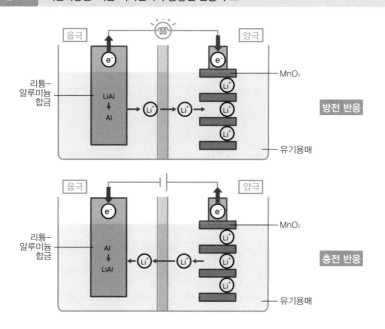

음극
양극
리튬-
알루미늄
합금
LiAl
↓
Al
Li⁺
Li⁺
MnO₂
방전 반응
유기용매

음극
양극
리튬-
알루미늄
합금
Al
↓
LiAl
Li⁺
Li⁺
MnO₂
충전 반응
유기용매

Point

✔ 리튬 합금을 사용함으로써 덴드라이트가 발생하지 않는 리튬 이차전지가 탄생했다. 이는 소용량 동전형 전지로만 상품화됐다.

✔ 이산화망간-리튬 이차전지는 음극으로 리튬-알루미늄 합금, 양극으로 이산화망간을 사용한다.

✔ 이산화망간-리튬 이차전지는 공칭 전압이 3V로 높고 사이클 수명이 길며 자가방전율이 낮다.

Chapter 4

우리 생활을 격변시킨 전지

≫ 리튬합금을 이용한 리튬 이차전지 ②

양극에 오산화바나듐을 활용

바나듐-리튬 이차전지(VL)는 음극 활물질로 리튬-알루미늄 합금, 양극 활물질로 오산화바나듐(V_2O_5)을 사용한 동전형 이차전지입니다(그림 4-29). 층상 구조를 가진 오산화바나듐은 리튬이온과 인터칼레이션 반응을 합니다. 양극에서의 화학 반응은 다음과 같습니다.

양극: $V_2O_5 + xLi^+ + xe^- \rightleftarrows Li_xV_2O_5$

공칭 전압이 3V로 높고, 사이클 수명이 길며, 자가방전율도 낮기 때문에 PC와 스마트폰 등의 통신 장치의 메모리 백업 전원, 화재 경보 장치 등의 전원으로 사용됩니다.

양극에 오산화니오브를 활용

니오브-리튬 이차전지(NBL)란 음극 활물질로 리튬-알루미늄 합금, 양극 활물질로 오산화니오브(Nb_2O_5)를 사용한 동전형 이차전지입니다(그림 4-30). 오산화니오브는 리튬이온과 인터칼레이션 반응을 합니다.

공칭 전압이 2V로 바나듐-리튬 이차전지보다 낮지만, 자가방전율이 비슷하고 전해액 잘 새지 않는다는 장점이 있어 스마트폰 전원, 각종 전자기기의 보조 전원 및 메모리 백업 전원으로 사용되고 있습니다.

니오브 계열 리튬 이차전지에는 오산화니오브를 음극 활물질로 사용한 전지도 있습니다. 한 가지 예로, 음극 활물질로 오산화니오브, 양극활물질로 오산화바나듐을 사용한 바나듐-니오브-리튬 이차전지가 개발됐습니다.

그림 4-29 동전형 바나듐-리튬 이차전지의 외관

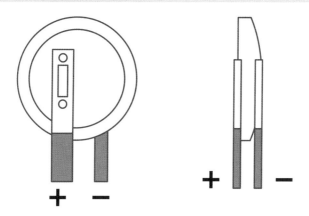

출처: 파나소닉 에너지 "리튬 전지 단자에 대하여"
(URL: https://industrial.panasonic.com/cdbs/www-data/pdf/AAF4000/ast-ind-181247.pdf)

그림 4-30 동전형 니오브-리튬 이차전지의 구조

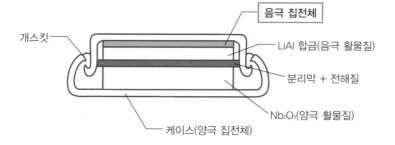

음극 집전체

개스킷

LiAl 합금(음극 활물질)

분리막 + 전해질

Nb_2O_5(양극 활물질)

케이스(양극 집전체)

Point

✔ 바나듐-리튬 이차전지와 니오브-리튬 이차전지는 모두 음극에 리튬-알루미늄 합금, 양극에 각각 오산화바나듐, 오산화니오브를 사용하며, 동전형으로 되어 있다.

✔ 바나듐-리튬 이차전지는 공칭 전압이 3V로 높고 수명이 길다.

✔ 니오브-리튬 이차전지는 공칭 전압이 2V로 바나듐-리튬 이차전지보다 낮지만, 자가방전율이 비슷하고 누액이 잘 발생하지 않는다.

≫ 전기차 보급의 핵심! 포스트 리튬이온전지

차세대 이차전지의 대명사

2050년 탄소 중립을 실현(7-2)하기 위해서는 전기자동차 보급이 중요합니다. 이 보급의 열쇠를 쥐고 있는 것이 리튬이온전지를 뛰어넘는 차세대 이차전지의 등장이며, 가장 유력시되고 있는 것이 **전고체전지**(전고체 리튬축전지)입니다. 전고체전지는 **전지를 구성하는 재료가 모두 고체인 전지로, 리튬이온전지를 개량한 것**입니다. 기존 리튬이온전지는 전극이 고체이고 전해질이 액체인 가연성 유기용매였습니다. 리튬이온전지 사고는 대부분 전해질 누출과 고온에서 발생하는 가스로 인한 폭발 및 연소입니다.

그래서 기존 전해질의 단점을 보완하는 세라믹이나 유리에 가까운 물질이면서도 이온 전도성이 있는 **고체 전해질** 재료를 연구를 통해 찾아냈습니다. 그 재료는 크게 황화물계와 산화물계로 나뉘는데, 특히 전도성이 높은 황화물계가 유력합니다(그림 4-31). 그러나 비교적 발화하기 쉽고 물에 약하다는 단점이 있어 산화물계도 연구 개발이 진행되고 있습니다.

고체 전해질 재료는 다시 유리 재료, 결정 재료, **유리 세라믹**으로 나뉘며, 특히 유리 세라믹은 이온 전도도가 높습니다(그림 4-32). 또한, 활물질 형태는 박막형과 벌크형으로 개발되고 있습니다(그림 4-33). 벌크형은 전극이 두껍고 용량이 큽니다. 박막형은 저항이 작아 전기가 흐르기 쉽지만, 용량도 작아지기 때문에 박막을 겹겹으로 쌓거나 면적을 넓혀야 합니다.

압도적으로 뛰어난 전고체전지

전고체전지는 같은 부피의 리튬이온전지에 비해 항속거리가 2배이고 대전류로 급속 충전이 가능한데, 충전 시간이 리튬이온전지의 1/3 수준으로 단축됩니다. 전해질 사고 문제도 해결되어 안전성은 높아지지만, 전지 수명이 짧고 양산화 기술을 확립해야 하는 등 여러 가지 과제가 남아 있습니다.

그림 4-31 전해질 재료에 따라 두 가지로 분류

- 전고체전지
  - 황화물질
  - 산화물질

그림 4-32 전해질 재료에 따라 세 가지로 분류

- 전고체전지
  - 유리 재료
  - 결정 재료
  - 유리 세라믹

그림 4-33 활물질 형태에 따른 분류

- 전고체전지
  - 박막형
  - 벌크형

Point

✔ 리튬이온전지를 개량한 전고체전지는 구성 재료가 모두 고체인 전지로, 전기차 보급의 열쇠를 쥐고 있다고 평가된다.

✔ 고체 전해질의 재료는 황화물계와 산화물계, 유리 재료와 결정 재료, 높은 이온전도도를 가진 유리 세라믹으로 나뉜다.

✔ 전고체전지는 리튬이온전지보다 항속 거리가 길고, 대전류 급속충전 실현, 충전시간 단축, 안전성 확보가 가능하다.

Chapter 4

우리 생활을 격변시킬 전지

≫ 기대가 높아지는 최고의 에너지 밀도를 자랑하는 리튬 이차전지

금속-공기전지의 원리를 응용

덴드라이트 사고 이후에도 연구 개발이 계속되고 있는 리튬금속을 이용한 이차전지 중 유력한 것으로 **리튬-공기 이차전지**가 있습니다. 공기 중의 산소를 양극 활물질로 사용하는 **금속-공기전지**는 일차전지인 아연-공기전지가 실용화되어 있습니다(2-10). 그래서 리튬금속을 사용한 충전 가능한 공기전지를 목표로 하고 있는 것이 리튬-공기 이차전지입니다.

최고의 에너지 밀도

리튬-공기전지는 음극 활물질로 리튬금속을 사용하고 양극 활물질로 공기 중의 산소를 이용하며, 양극 집전체로는 탄소 미립자 등의 다공성 탄소 재료를 사용합니다. 방전 시에는 음극에서 용출된 리튬이온이 양극에서 산소와 반응해 과산화리튬을 생성합니다(그림 4-34). 충전 시에는 그 역반응이 일어납니다(그림 4-35).

음극: $Li \rightleftharpoons Li^+ + e^-$
양극: $2Li^+ + 2e^- + O_2 \rightleftharpoons Li_2O_2$
전체: $2Li + O_2 \rightleftharpoons Li_2O_2$

원활하게 진행되지 않는 전지 반응

리튬-공기전지가 실현되면, 음극 활물질로 이온화 경향이 가장 큰 리튬금속, 양극 활물질로 공기가 사용되므로 **최고의 에너지 밀도**를 자랑하는 전지가 될 것으로 예상됩니다. 게다가, 코발트 같은 비싼 금속을 사용하지 않아, 제조 비용도 낮아집니다. 하지만 **사이클 수명이 짧고 충방전 효율이 나쁘다**는 지적이 있어 리튬과 산소의 전지 반응 **촉매** 개발이 진행되고 있습니다. 이밖에도 음극 활물질로 아연, 알루미늄, 마그네슘을 이용하는 공기 이차전지 개발이 진행되고 있지만(3-23), 아직 실용화 단계에는 이르지 못하고 있습니다.

그림 4-34 리튬—공기 이차전지의 방전 반응 구조

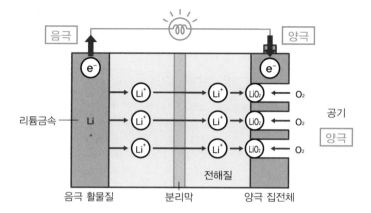

그림 4-35 리튬—공기 이차전지의 충전 반응 구조

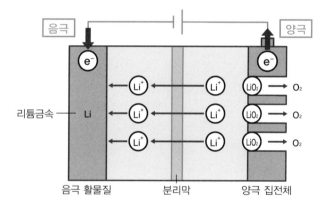

Point

✔ 아연-공기 일차전지의 원리를 응용하여 충전 가능한 전지를 만들고자 연구 개발 중인 것이 리튬-공기 이차전지이다.

✔ 리튬-공기 이차전지는 음극으로 이온화 경향이 가장 큰 리튬금속을, 양극으로 공기를 사용하므로, 에너지 밀도가 가장 큰 전지가 될 것으로 예상된다.

✔ 아연-공기 이차전지, 알루미늄-공기 이차전지, 마그네슘-공기 이차전지 개발도 진행 중이나 아직 실용화되지 않았다.

≫ 대형화, 소형화 모두 가능한 리튬 이차전지

실현되면 대형화도 초소형화도 가능하다

리튬금속을 이용하는 이차전지(4-1)는 리튬이온전지의 대약진에 가려져 주춤하고 있지만, **리튬-황전지**처럼 일부에서 연구 개발이 계속되고 있는 것도 있습니다.

리튬-황전지는 음극 활물질로 리튬금속, 양극 활물질로 **황** 화합물, 전해질로 유기용매 등을 사용합니다(그림 4-36, 그림 4-37). 이 전지가 실현되면 **용량이 크고 가격이 저렴한 황 덕분에 대형화 및 대량 생산도 가능**해집니다. 또한 리튬이온전지보다 무게 대비 높은 에너지 밀도를 가지고 있어 드론용 등으로 더 오래가고 경량화된 전지를 개발할 수 있게 됩니다.

전지 반응에 의한 중간 생성물

리튬-황전지 실용화에서 우선적으로 해결해야 할 문제는 덴드라이트 발생이라고 할 수 있습니다. 그밖에도 방전 시 생성되는 **중간 생성물**이 전해질에 녹아서 전지를 열화시키는 문제도 있습니다.

방전 시, 양극에서는 황이 리튬이온과 반응하여 환원되는데, 반응 도중에 중간 생성물인 다황화리튬이 전해질에 녹아버립니다. 다황화리튬이 용해된 상태로 확산하여 음극에 도달하면 리튬과 재반응하여 일부는 리튬금속을 피복하고 일부는 양극으로 이동해 다시 산화반응을 일으킵니다. 이 과정이 반복되면, 전극의 전기 용량이 감소하거나 충방전 효율이 저하됩니다.

이러한 문제를 방지하기 위해 분리막으로 덴드라이트를 억제하고 고체 전해질 등 새로운 재료를 개발하고 있지만, 여전히 실용화에는 이르지 못하고 있습니다.

그림 4-36 리튬–황전지의 방전 구조

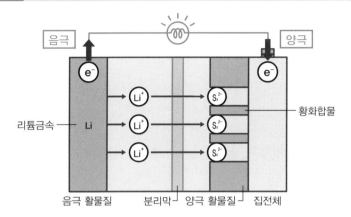

그림 4-37 리튬–황전지의 충전 구조

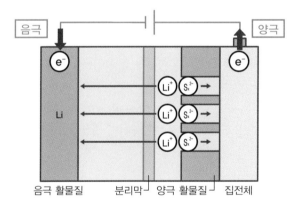

Point

✔ 리튬금속을 이용하는 이차전지 중 현재도 연구 개발이 계속되고 있는 것이 리튬-황전지이다.

✔ 리튬-황전지가 실현되면 리튬이온전지보다 제조 비용이 저렴하고 에너지 밀도가 커서 대형화 및 초소형화가 가능하다.

✔ 리튬-황전지를 실용화하려면 덴드라이트 발생, 방전 시 중간 생성물이 전해질에 용해되어 전지를 열화시키는 문제 등을 해결해야 한다.

» 차세대 전지의 유력 후보! 비리튬이온전지

리튬과 유사한 금속

리튬과 전자 배열이 매우 비슷한 금속으로 나트륨이 있습니다. 나트륨은 저렴하고 풍부하게 존재하며, 리튬 다음으로 전자를 방출하여 +1가의 양이온이 되기 쉬운 성질이 있습니다. 그래서 리튬이온전지와 동일한 원리로 **나트륨이온전지**(NIB) 개발이 진행되어 왔으나, 리튬이온전지의 발전에 밀려 한동안 주목받지 못했습니다. 그러나 **전기자동차용 배터리 수요의 증가와 2020년대부터 리튬 매장량의 부족, 가격 상승 등으로 인해 다시 연구 개발이 활발**해지고 있습니다.

세계 최대 축전지 제조업체가 주목하는 전지

기본적인 나트륨이온전지는 음극 활물질로 하드 카본을 기본으로 한 탄소 소재를 사용하고, 양극 활물질로는 다양한 나트륨산화물을 시도하고 있습니다(그림 4-38, 그림 4-39). 나트륨이온의 부피는 리튬이온보다 약 2배 정도 커서, 흑연이 아닌 수지나 그 조직물을 탄화시켜 얻은 하드 카본이라면 입자가 큰 나트륨이온을 인터칼레이션할 수 있습니다.

전고체 전해질을 사용하는 연구도 진행되고 있으며, 특히 **전고체 나트륨이온전지**는 세계 최대 축전지 제조업체인 중국의 CATL에서도 상용화를 결정해 화제가 됐습니다.

에너지 밀도는 낮지만 장점이 많은 전지

나트륨이온전지는 에너지 밀도가 낮다는 단점이 있습니다. 하지만 빠르게 충전할 수 있고 사용 가능한 온도 범위가 넓으며 사이클 수명이 길어지는 등 성능 개선이 진행되고 있습니다. 비용 측면을 고려하면, 리튬이온전지만큼의 강력한 성능이 필요하지 않은 곳에서 활용될 것으로 예상됩니다. 그 밖에 **칼륨이온전지**도 연구 개발이 진행되고 있습니다.

그림 4-38　나트륨이온전지의 방전 구조

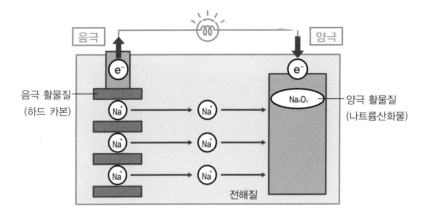

그림 4-39　나트륨이온전지의 충전 구조

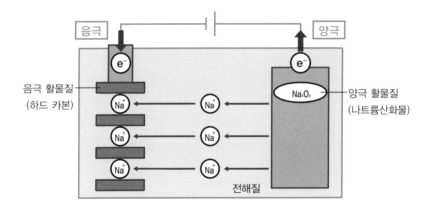

Point

✔ 리튬과 유사한 성질이 있고 저렴하며 지구상에 풍부하게 존재하는 나트륨을 리튬 대신 사용한 것이 바로 나트륨이온전지이다.

✔ 전고체 나트륨이온전지는 세계 최대 축전지 제조업체인 CATL(중국)이 상용화를 결정하면서 화제가 됐다.

✔ 나트륨이온전지는 급속 충전이 가능하고, 사용 가능 온도가 넓으며 사이클 수명이 길다는 장점이 있어 비용 측면을 고려하면 활약이 기대된다.

≫ 기대가 높아지는 대용량이면서 안전한 비리튬이온전지

저렴하고 풍부한 금속을 찾아서

2020년대부터 시작된 리튬 매장량 부족과 시장 가격 상승으로 탈리튬 움직임이 활발해졌습니다. 리튬을 대신하는, 매장량이 풍부하고 제조 비용이 저렴한 자원이 요구되고 있습니다.

그래서 리튬이나 나트륨과 같은 1가 이온이 아닌 **마그네슘**(Mg^{2+}), 칼슘(Ca^{2+}), 아연(Zn^{2+}), 알루미늄(Al^{3+}) 등의 **다가이온**을 이용한 이차전지가 주목받고 있습니다(그림 4-40).

이들은 1개의 이온이 2개 이상의 전하를 운반하게 됩니다. 즉, **다가이온전지**는 리튬이온전지보다 2배, 3배 더 큰 용량이 될 가능성이 있습니다(그림 4-41). 또한, 다가이온 금속은 **안전성이 높아 고온에 의한 발화, 폭발 등의 위험이 없습니다.** 자원이 풍부하고 제조 비용도 저렴하다는 장점도 있습니다.

새로운 금속 발견에 대한 기대

그러나 마그네슘과 같은 다가이온 금속은 다른 금속 원소와 결합하면 쉽게 분리되지 않는 성질이 있습니다. 그로 인해 전압이 낮고, 다가이온이라 **전해질이나 전극에서 이온의 이동 속도가 느리기 때문에 인터칼레이션 반응을 할 수 없어 순발력이 떨어진다**는 단점이 있습니다. 또한, 1가 이온전지보다 덴드라이트 발생이 적긴 하지만, 전지에 따라서는 여전히 위험성이 남아 있습니다.

현재로서는 다가이온 금속 중에서 활물질로 사용했을 때 반복적인 충방전이 가능하고 사이클 수명이 긴 금속은 발견되지 않았습니다. 하지만 적절한 금속이나 전해질, 전극 재료가 발견된다면 실현될 가능성이 있으므로, 앞으로의 연구를 계속 지켜봐야 할 것입니다.

그림 4-40   마그네슘이온의 전자 배치도

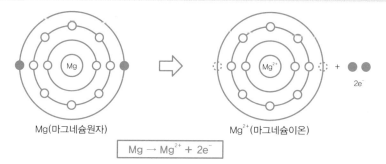

Mg(마그네슘원자)   Mg²⁺(마그네슘이온)

$$Mg \rightarrow Mg^{2+} + 2e^-$$

그림 4-41   포스트 리튬이온전지의 에너지 밀도 비교

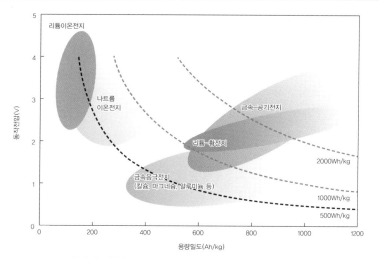

출처: 마루바야시 요시츠구 "차세대 이차전지에 관한 연구개발 동향조사"
미에현 공업연구소 연구보고서 No.39(2015) (URL: https://www.pref.mie.lg.jp/common/content/000417091.pdf)

Point

✓ 전지 활물질로 다가이온 금속을 사용하면 리튬이온전지보다 2배, 3배 더 큰 용량이
  될 가능성이 있다.

✓ 다가이온 금속은 한번 다른 금속 원소와 결합하면 잘 떨어지지 않기 때문에 전압이
  낮고, 이온의 이동속도가 느려 순발력이 낮다.

✓ 현재로서는 다가이온 금속 중 활물질로 사용 시 반복 충방전이 가능한 금속은 아직
  발견되지 않았다.

4-21 리튬이온 커패시터

» 두 개의 전지를 하이브리드한 리튬계 전지

물리전지와 화학전지의 조합 \\

전기 이중층 커패시터(6-8)와 리튬이온전지(4-2)를 결합한 원리로 충방전하는 것이
리튬이온 커패시터(LIC)입니다. 리튬이온 커패시터의 음극 활물질로는 리튬이온이
인터칼레이션 반응을 할 수 있는 흑연을 사용합니다. 양극 활물질로는 전기 이중층
커패시터와 마찬가지로 다공성 활성탄소 등을, 전해질로는 유기용매를 사용합니다.

인터칼레이션과 전기 이중층 \\

리튬이온 커패시터의 음극에서는 리튬이온의 인터칼레이션 반응이 일어나고, 양극
에서는 전기 이중층이 형성됩니다(6-9).

충전 시 음극에서는 전해질 속의 리튬이온이 흑연에 저장됩니다(그림 4-42). 이때
전해질 속의 음이온은 양극으로 이동합니다. 양극에서는 유전분극에 의해 양전하인
정공과 음극에서 이동한 음이온이 서로 끌어당겨 전기 이중층이 형성되어 커패시터
가 충전된 상태가 됩니다.

방전 시 음극에서는 리튬이온이 흑연에서 방출되어 전해질로 확산됩니다(그림
4-43). 양극에서는 음극에서 전자가 흘러나와 정공이 없어지고 음이온이 계면을 떠
나 전해질로 확산됩니다. 이것이 커패시터가 방전된 상태입니다.

기존 전지보다 향상된 성능 \\

리튬이온 커패시터는 **전기 이중층 커패시터보다 에너지 밀도가 높아졌고 고온에서의
내구성도 강해졌습니다**. 또한 리튬이온전지와 같은 열에 의한 팽창이나 폭발도 없
고, 전극 열화나 자가 방전도 적으며, 사이클 수명도 길어졌습니다. 따라서, 자동차
나 산업 기계의 전원, 보조 전원 또는 비상 시 백업 전원 등에서 활약이 기대됩니다.

그림 4-42 리튬이온 커패시터의 충전 반응 구조

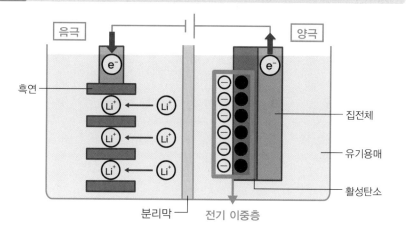

그림 4-43 리튬이온 커패시터의 방전 반응 구조

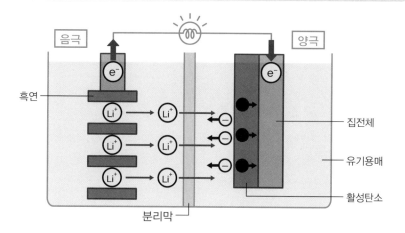

Point

✔ 리튬이온 커패시터는 전기 이중층 커패시터와 리튬이온전지를 결합한 원리로 충·방전을 한다.

✔ 리튬이온 커패시터의 음극에서는 리튬이온의 인터칼레이션 반응, 양극에서는 전기 이중층 형성에 의해 충방전이 이루어진다.

✔ 전기 이중층 커패시터보다 에너지 밀도가 높고 고온 내구성도 커서 열에 의한 팽창 및 폭발 위험이 없고, 전극의 열화나 자가방전율이 낮아 사이클 수명도 길다.

재난 시 정전 대책이나 환경 보호, 전기요금 절약 등의 이유로 가정에서 할 수 있는 태양광 발전이 주목받고 있습니다. 최근에는 베란다에서도 손쉽게 발전할 수 있는 상품도 있습니다. 목적과 환경에 맞춰 베란다 발전 시설에 필요한 장비를 살펴봅시다.

베란다 발전에 필요한 장비들

- 태양전지(태양광 패널)
- 충전 컨트롤러*
- 케이블
- 인버터**
- 배터리(납 축전지, 리튬이온전지 등)

아래 질문에 각각 답해 보세요.

❶ **어떻게 활용하고 싶은가요?**

예) 평소 재택근무에 사용하는 전력을 태양전지로 충당하고 싶다.

❷ **충전하고 싶은 가전제품의 소비 전력을 조사해 봅시다.**

예) 스마트폰이나 태블릿의 소비 전력은 약 10W, 노트북의 소비 전력은 20~30W, 형광등은 10~40W, 등유 팬히터는 20~100W

❸ **충전하고 싶은 가전제품의 사용 시간을 예상하여 필요한 전력을 계산해 봅시다.**

예) 노트북 20W, 형광등 10W를 6시간 정도 사용하고 싶다.

노트북: 20W×6시간=120Wh, 형광등: 10W×6시간=60Wh, 합계: 120Wh+60Wh=180Wh

---

* 배터리 충전을 조정하여 열화나 화재를 방지한다.

** 배터리의 직류전류를 가정용과 같은 교류전류로 변환한다.

깨끗하고 안전한 발전 장치가 되는 전지

차세대 에너지 문제를 지탱하는 연료전지

Battery

≫ 물과 전기를 만들어 내는 전지

태우지 않는 '연료'?

일차전지와 이차전지는 활물질의 화학 반응을 통해 전기를 추출하는 전지입니다. 반면에 **연료전지**는 연료와 산소 등을 계속 보충해 주면 지속적으로 전기를 만들어 내는 발전 장비와 같은 전지입니다. '연료'라는 이름을 보면 무언가를 태울 것 같지만, 실제로는 **불을 사용하지 않고 수소와 산소의 화학 반응으로 전기를 추출하는 화학전지**입니다. 생성물은 거의 물뿐으로 배기가스 등을 배출하지 않는 깨끗하고 안전한 에너지입니다(그림 5-1).

역발상

연료전지의 원리는 물의 **전기분해**에서 시작됩니다. 물에 전기를 흘려보내면 수소와 산소로 나뉘어 음극에서는 수소, 양극에서는 산소가 발생합니다. 반대로 수소와 산소로 물을 만들면 전기가 만들어집니다. 이러한 역발상으로부터 연료전지가 탄생했습니다.

수소는 보통 산소와 반응하면 열에너지를 얻기 때문에 폭발한다는 것은 잘 알려져 있습니다. 그래서 수소와 산소가 반응하는 곳을 따로 분리하면 열 대신에 **전기에너지**를 얻을 수 있습니다(그림 5-2).

차세대 에너지로 주목받는 연료전지

연료전지의 원형은 1839년에 영국의 윌리엄 로버트 그로브^{William Robert Grove}가 만든 그로브전지입니다(그림 5-3). 그로브전지는 묽은 황산에 담긴 백금 전극과 수소와 산소를 반응시키는 전지입니다. 그러나 전류가 약하고 생산 비용이 많이 들어 추가적인 연구가 진행되지 않았습니다.

연료전지의 실용화는 1960년대에 이르러 진전됐으며 우주선에 탑재되기도 했습니다. 최근에는 **차세대 에너지로 주목받으며 연료전지 자동차와 가정용 에너지로 실용화되고 있습니다.**

그림 5-1 연료전지의 이미지

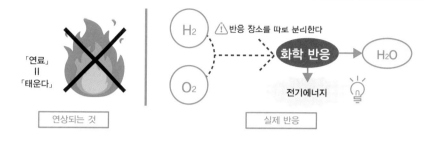

그림 5-2 연료전지의 원리

그림 5-3 그로브전지에 의한 물 전기분해 장비

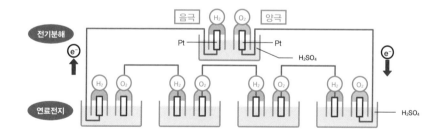

Point

✔ 연료전지는 화학 반응으로 계속해서 전기를 만들어 내며, 전기 이외의 생성물은 물 뿐인 깨끗하고 안전한 에너지이다.

✔ 물의 전기분해를 반대로 한다(산소와 수소로 물을 만들면 전기가 생긴다)는 역발상 으로부터 연료전지가 탄생했다.

✔ 1960년대에 우주용으로 개발이 진행됐고, 현재는 연료전지 자동차와 가정용 에너 지로 실용화가 진행되고 있다.

≫ 물을 전기로 분해한다

물을 전기로 분해할 준비

물은 전기가 잘 통하지 않기 때문에 물을 전기분해할 때는 미리 수산화나트륨 등의
전해질을 녹여 둡니다. 물의 전기분해 반응은 다음과 같습니다.

전압이 가해진 양극에서는 전자가 빠져나가면서(산화) 수소이온과 산소로 분해됩
니다. 수소이온은 음극으로 끌려가 전자를 얻어(환원) 수소가스를 생성합니다(그림
5-4). 전체 반응을 보면, 물이 수소와 산소로 분해되는 것을 알 수 있습니다.

수소이온이 전해질을 이동

다음으로 이 상태에서 전원 대신 콩전구를 연결합니다. 이때 **수소와 산소 사이에 촉
매를 작용시키면 이전과는 반대 반응이 일어나고 전류가 흐릅니다.** 촉매로는 산성
전해질에 대해 내식성이 있는 백금을 사용합니다. 연료전지의 방전 반응은 다음과
같습니다.

음극에서는 수소로부터 전자가 방출(산화)되어 수소이온이 됩니다. 수소이온은 전해
질 속을 이동하여 양극의 산소와 도선을 따라 이동한 전자와 반응(환원)하여 물이 됩
니다. 수소이온이 전해질을 통해 이동하는 연료전지를 **카티온 교환형**이라고 하며 전
체 반응은 그림 5-5와 같습니다.

연료전지는 수소이온과 전자의 흐름에서 전기를 만들어 내는 전지로, 모든 연료전지
가 방전 시 같은 반응을 일으킵니다.

또한 연료전지에서는 음극을 **연료극**, 양극을 **공기(산소)극**이라고 부르며, 전해질을
연료극과 공기극 사이에 끼워 넣는 구조로 되어 있습니다. 이 연료극에 수소를, 공기
극에 산소를 공급하면 물이 생성되고 전기가 흐릅니다. 산소는 공기 중의 산소를 이
용하는데, 수소를 공급하는 방법이 연료전지에서 중요한 과제가 됩니다(5-3).

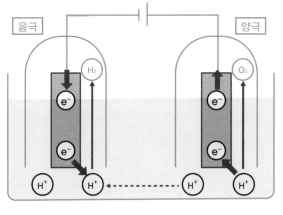

그림 5-4 물의 전기분해 반응 원리

음극 / 양극

양극
$$2H_2O \rightarrow 4e^- + 4H^+ + O_2$$

음극
$$2H^+ + 2e^- \rightarrow H_2$$

전체
$$2H_2O \rightarrow 2H_2 + O_2$$

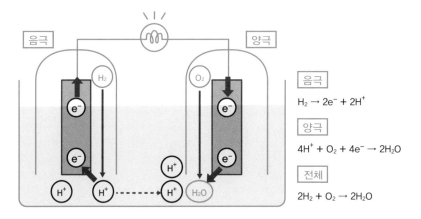

그림 5-5 연료전지의 반응 구조

음극 / 양극

음극
$$H_2 \rightarrow 2e^- + 2H^+$$

양극
$$4H^+ + O_2 + 4e^- \rightarrow 2H_2O$$

전체
$$2H_2 + O_2 \rightarrow 2H_2O$$

Point

✔ 전해질을 녹여 둔 물에 전기를 흘려보내면, 양극에서 산소와 수소이온으로 분해되고, 이 수소이온이 음극에서 수소로 변한다.

✔ 물을 전기분해한 후 촉매를 작용시키면 음극의 수소는 전자를 방출하여 수소이온이 되고, 전해질 속을 이동해 양극의 산소와 반응하면 물이 생성된다.

✔ 연료전지의 방전으로 수소이온이 전해질 속을 이동하는 것을 카티온 교환형이라고 한다.

≫ 거대한 에너지의 열쇠를 쥔 수소

이상적인 수소 연료

연료전지에서 주목할 점은 **수소**를 연료로 사용한다는 것입니다. 수소는 전기를 이용해 물에서 얻을 수 있고, 석유나 천연가스 등의 화석 연료, 메탄올이나 에탄올 등의 바이오매스, 하수 슬러지나 폐기물 등 다양한 자원으로부터 만들어 낼 수 있습니다. 또한 제철소나 화학공장 등에서는 공정 중에 부산물로 수소가 발생하기도 합니다(그림 5-6). 수소는 **연소해도 이산화탄소 같은 배기가스를 배출하지 않고 큰 에너지가 됩니다.** 이 이상적인 연료인 수소를 활용한 전지가 연료전지입니다.

예를 들어, 화력발전은 가스를 태워 물을 끓이고 고온 고압의 증기를 만들어 발전기 터빈을 돌려 전기를 생산하는 것입니다. 즉, 열에너지, 운동에너지를 거쳐 최종적으로 전기에너지를 생산합니다(그림 5-7). 연료전지는 연료에서 화학 반응을 통해 직접 전기에너지로 변환되므로 중간에 에너지 손실이 적어 **에너지 효율**이 높다고 할 수 있습니다.

단순하지만 어려운 화학 반응

연료전지의 화학 반응식은 단순하지만, 특히 공기극(양극)에서의 수소이온, 산소, 전자의 화학 반응은 실제로는 일어나기 어려운 반응입니다.

공기극: $4H^+ + 4e^- + O_2 \rightarrow 2H_2O$

수소이온은 액체, 산소는 기체, 전자는 고체 속에 존재하는데, '삼자가 만나는 장소'에서만 반응이 일어납니다(그림 5-8). 따라서, 전류를 크게 하려면 반응을 일으키는 장소, 즉 '삼자가 만나는 장소'를 늘려야 하므로 미세한 구멍이 많은 전극이 필요합니다. 미세한 구멍 속으로 전해질이 들어가서 고체와 액체가 만나고, 거기에 기체인 산소를 불어넣으면 삼자가 만날 수 있게 됩니다. 그러므로 연료전지의 전극은 **다공성 구조**이며, 또한 촉매인 백금은 이 구멍 표면에 코팅되어 있습니다.

그림 5-6   수소를 만드는 방법

| 화석 연료(서유, 서탄, 천연가스) |
| 공업 프로세스의 부산물(부산물 가스) |
| 바이오매스(메탄올, 메탄가스) |
| 자연에너지(태양광, 풍력) → 물 |

+ (촉매) 열 → 수소
정제 →
+ (촉매) 열 →
+ (전기분해) 전기 →

그림 5-7   연료전지 및 화력발전의 에너지 효율

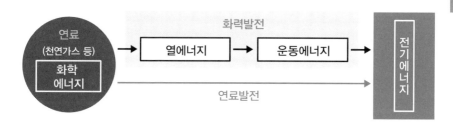

그림 5-8   연료전지의 반응이 일어나는 장소

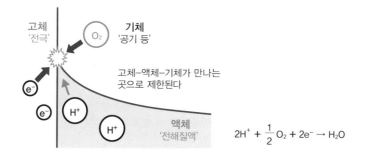

$$2H^+ + \frac{1}{2} O_2 + 2e^- \rightarrow H_2O$$

출처: 미노우라 히데키 "진화하는 전지의 구조" (소프트뱅크 크리에이티브, 2006년) p.107

Point

✔ 수소는 연소해도 이산화탄소 등의 배기가스를 배출하지 않고 큰 에너지가 된다.

✔ 연료전지는 연료에서 화학 반응을 통해 직접 전기에너지로 변환되므로 중간에 에너지 손실이 적고 에너지 효율이 높다.

≫ 연료전지 분류

전해질 종류로 분류한다

연료전지는 사용되는 **전해질의 종류**에 따라 **크게 5가지로 분류할 수 있습니다**(그림 5-9). 전해질의 종류는 알칼리 수용액, 인산 수용액, 용융탄산염, 세라믹스, 양이온 전도성의 카티온 교환형 고분자막으로 분류됩니다.

연료 및 작동 온도로 분류한다

원연료의 종류로도 분류할 수 있는데, 불순물이 거의 포함되지 않은 고순도 수소가 필요한 전지와 천연가스, 석탄가스 등 원연료에 제한이 없는 전지로 분류됩니다 (그림 5-10). 연료에 제한이 없는 경우, 배출물에 미량의 질소산화물과 소량의 이산화탄소가 포함되어 있어, 화석 연료에서 수소를 추출하는 개질기를 설치해야만 합니다.

또한 전지 내 반응에 사용하는 연료는 고순도 수소, 일산화탄소 함량 1% 이하인 수소, 수소 또는 일산화탄소로 나뉩니다.

연료전지는 **작동 온도**에 따라서도 저온형과 고온형으로 분류할 수 있는데, 실온에서 200도 정도까지를 저온형, 수백도 이상을 고온형으로 나눌 수 있습니다. 저온형은 전지 시동이 빠릅니다. 고온형은 반응 효율이 높지만 시동 시간이 오래 걸리고 설비도 대형화됩니다.

발전 반응 원리로 분류한다

연료전지에는 발전 반응에 따라 수소이온이 연료극에서 공기극으로 이동하는 '카티온 교환형'과 수산화물이온이 공기극에서 연료극으로 이동하는 '아니온 교환형'이 있습니다(그림 5-11). '아니온 교환형'에서는 수산화물이온 대신 탄산이온이나 산소이온이 이동하기도 합니다. 수소이온을 사용하는 카티온형은 강산성이므로 촉매에 부식에 강한 금속이 필요합니다. 반면에 아니온형은 부식될 우려가 없어, 촉매로 비싼 백금 등을 사용할 필요가 없으므로 비용을 절감할 수 있습니다.

그림 5-9 전해질에 따른 분류

연료전지
- 알칼리 수용액 ─ 알칼리형 연료전지
- 인산 수용액 ─ 인산형 연료전지
- 용융탄산염 ─ 용융탄산염형 연료전지
- 세라믹스 ─ 고체산화물형 연료전지
- 카티온 교환형 고분자막 ─ 고체고분자전해질형 연료전지

그림 5-10 연료 및 작동 온도에 따른 분류

그림 5-11 발전 반응 원리에 따른 분류

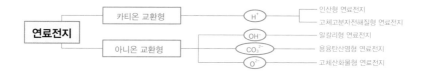

Point

✔ 전해질의 종류에 따라 크게 다섯 가지로 분류된다. 또한 작동 온도에는 저온형과 고온형이 있다.

✔ 원연료의 종류에 따라 불순물이 거의 없는 고순도 수소와 천연가스, 석탄가스 등 제한이 없는 전지로 분류할 수 있다.

✔ 발전 반응에 따라 수소이온 등이 이동하는 '카티온 교환형'과 수산화물이온이 이동하는 '아니온 교환형'으로 나눌 수 있다.

≫ 우주에서 활약한 연료전지

전기와 물을 우주로

알칼리형 연료전지(AFC: Alkaline Fuel Cell)는 전해질로 수산화칼륨 같은 강알칼리 전해액을 사용하는 연료전지입니다. 1932년 영국의 프랜시스 베이컨[Francis Bacon]이 개발했으며, 실용적인 연료전지 중에서는 가장 역사가 오래됐습니다. 처음에는 전해질로 황산을 사용했지만, 다른 물질과 반응하기 쉬워서 강알칼리성 전해질이 고안됐습니다. 하지만 개발 당시부터 비용 문제로 인해 연구 개발이 진전되지 못했습니다.

한편으로 **구조가 단순하고 연료전지 중에서 가장 효율이 높으며 배출물이 물뿐**이라는 점을 높게 평가받아, 1969년 인류 최초의 달 착륙용 우주선 아폴로 11호에 탑재됐고, 이후 스페이스 셔틀 등 우주 공간에서 전기와 물을 공급했습니다.

전해질을 이동하는 수산화이온

알칼리형 연료전지의 전해질은 알칼리성이므로 **수산화물이온**이 존재합니다. 연료극에 수소를 공급하면, 전해질 속 수산화물이온과 반응하여 물을 생성하고 전자를 방출합니다(그림 5-12). 연료극에서 방출된 전자는 도선을 통해 공기극으로 이동합니다. 이동해 온 전자와 공기극에 공급된 산소와 수용액 속의 물이 반응하면 수산화물이온이 생성됩니다.

이처럼 수산화물이온이 전해질 속을 이동하는 연료전지를 **아니온 교환형**이라고 합니다. 전체 반응은 다른 연료전지와 동일합니다.

아니온 교환형은 부식 우려가 없어 촉매로 백금뿐만 아니라 니켈 합금도 사용할 수 있으므로 비용을 줄일 수 있습니다. 작동 온도도 50~150도로 비교적 낮아 실온에서도 취급하기 쉽다는 장점도 있습니다.

하지만 연료에 이산화탄소가 포함되면 알칼리성 전해질과 반응해 전지 성능이 저하됩니다. 따라서 순도가 높은 수소와 산소가 필요하고, 이는 역시 비용 문제를 발생시킵니다. 최근에는 알칼리에 강한 음이온 전도성이 있는 아니온형 고분자막을 이용하는 고성능 알칼리형 연료전지 개발이 기대되고 있습니다(그림 5-13).

그림 5-12   알칼리형 연료전지의 반응 구조

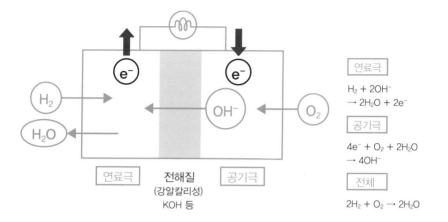

연료극

$H_2 + 2OH^-$
$\rightarrow 2H_2O + 2e^-$

공기극

$4e^- + O_2 + 2H_2O$
$\rightarrow 4OH^-$

전체

$2H_2 + O_2 \rightarrow 2H_2O$

전해질
(강알칼리성)
KOH 등

깨끗하고 안전한 발전 장치가 되는 전지

그림 5-13   알칼리에 강한 아니온형 고분자막

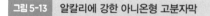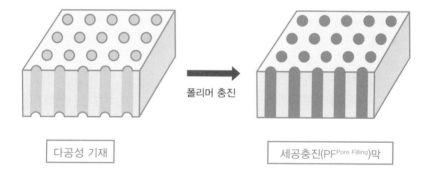

폴리머 충진

다공성 기재

세공충진($PF^{Pore\ Filling}$)막

Point

✔ 알칼리형 연료전지는 수산화칼륨 등 강알칼리 전해액을 전해질로 사용하는 연료
전지이다.

✔ 수산화물이온이 전해질 속을 이동하는 연료전지는 '아니온 교환형'이라 불리며, 촉
매로 고가의 백금뿐만 아니라 니켈 합금도 사용할 수 있다.

✔ 연료에 이산화탄소가 포함되면 알칼리성 전해질과 반응해 전지 성능이 나빠지고
순도가 높은 수소와 산소가 필요해져 비용이 커진다.

≫ 배출열을 효과적으로 이용할 수 있는 연료전지

다시 산성 전해질에 주목하다

알칼리형 연료전지의 문제는 연료에 이산화탄소가 포함되면 전해질과 반응한다는 것이었습니다. 이 문제를 해결하기 위해 다시 산성 전해질에 주목해 인산을 사용한 전지가 **인산형 연료전지**(PAFC: Phosphoric Acid Fuel Cell)입니다.

인산형 연료전지의 개발은 1970년대 미국에서 천연가스의 용도를 확대할 목적으로 시작됐습니다.

촉매는 역시 백금

인산형 연료전지의 전해질은 산성이기 때문에 수소이온이 전해질을 통해 이동하는 카티온 교환형이며, 반응식은 다음과 같습니다(그림 5-14).

연료극: $H_2 \rightarrow 2e^- + 2H^+$
공기극: $4H^+ + O_2 + 4e^- \rightarrow 2H_2O$
전체: $2H_2 + O_2 \rightarrow 2H_2O$

셀의 전지 구조는 **전해질인 인산을 적신 전해질막을 연료극과 공기극 사이에 끼워 넣은 것**입니다(그림 5-15). 실제로는 높은 전압을 얻기 위해 여러 개의 셀을 연결하여 사용합니다. 또한, 산성 전해질이므로 금속이 아니라 표면에 촉매가 도포된 다공성 탄소를 사용합니다.

여기서 사용하는 촉매는 인산이 황산보다 부식성이 적지만, 여전히 고가의 백금을 사용합니다. 백금은 일산화탄소에 의해 촉매 기능이 급속히 저하되는 **피독 현상**이 있기 때문에, 연료로 천연가스 등을 사용할 경우 **개질 처리**가 필요합니다.

작동 온도는 액체 전해질을 사용하는 연료전지 중에서 최고인 약 200도이지만, 배출열을 효율적으로 이용할 수 있어 병원, 호텔, 방재용 등으로 활용되고 있습니다.

그림 5-14 | 인산형 연료전지의 반응 구조

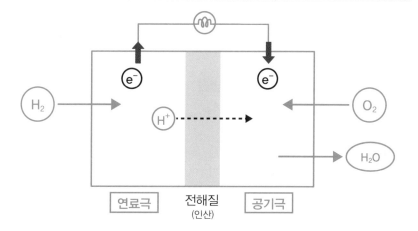

그림 5-15 | 인산형 연료전지의 구조

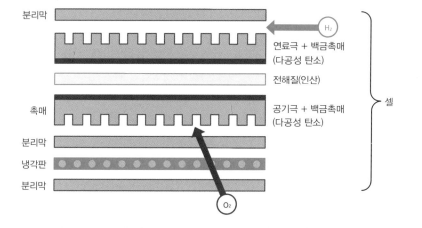

Point

✔ 인산형 연료전지는 수소이온이 전해질을 통해 이동하는 카티온 교환형으로 금속이 부식되기 쉽기 때문에 백금 촉매를 사용한다.

✔ 백금은 일산화탄소에 의해 촉매 기능이 급속히 저하되는 피독 작용이 있기 때문에, 천연가스를 연료로 사용할 경우 개질 처리가 필요하다.

✔ 인산형 연료전지는 도시가스 등을 원연료로 사용할 수 있고, 배출열을 효과적으로 이용할 수 있어 실용화가 진행되고 있다.

≫ 대규모 발전에 적합한 연료전지

백금 촉매가 필요 없고, 연료 제한이 없다

인산형 연료전지에서 사용되는 백금 촉매는 비싸서 비용이 많이 든다는 문제점이 있습니다. 이에 따라 작동 온도가 600~700도인 고온에서 반응 효율이 좋고, 아니온 교환형이라서 백금 촉매가 필요 없는 **용융탄산염형 연료전지**(MCFC: Molten Carbonate Fuel Cell)가 등장했습니다. 이로써 비용이 감소되고 일산화탄소에 의한 피독 현상이 없어(5-6) 연료에 제한이 없으며 천연가스나 석탄 가스, 폐기물 가스나 하수 슬러지에서 발생하는 소화 가스도 연료로 활용할 수 있게 됐습니다.

배출열을 이용할 수도 있지만, 고온에서 전해질이 금속을 부식시키기 때문에 재질은 스테인리스나 니켈 등으로 제한됩니다(그림 5-16). 반면에 개질 장치가 필요 없으므로 설계를 단순화할 수 있으며, 대규모 발전에 적합한 시스템으로 기대할 수 있습니다.

탄산이온이 전해질을 이동한다

전해질에 사용되는 탄산리튬이나 탄산나트륨과 같은 **용융탄산염**은 실온에서 고체로 존재하지만, 고온에서는 액체가 되어 이온 전도율이 높아집니다.

연료로는 일산화탄소도 사용할 수 있지만, 이번에는 수소를 연료로 사용하는 전지의 화학 반응을 설명하겠습니다. 여기서 주의할 점은 공기극에 산소 외에 **이산화탄소**를 공급해야 한다는 것입니다(그림 5-17).

전해질 속에는 탄산염이 녹아 탄산이온이 있습니다. 연료극에 수소를 공급하면 전해질 속 탄산이온과 반응해 물과 이산화탄소를 생성하고 전자를 방출합니다.

연료극에서 방출된 전자는 도선을 통해 공기극으로 이동합니다. 이동한 전자는 공기극에 공급된 산소와 이산화탄소와 반응해서 탄산이온을 생성합니다. 전체 반응은 모든 연료전지와 같습니다.

탄산이온이 전해질 속을 이동하므로 용융탄산염형 연료전지는 탄산이온을 이용하는 아니온 교환형 연료전지라고 할 수 있습니다. 또한, 연속으로 운전할 경우 연료극에서 생성된 이산화탄소를 공기극으로 순환시킵니다.

그림 5-16   용융탄산염형 연료전지의 구조

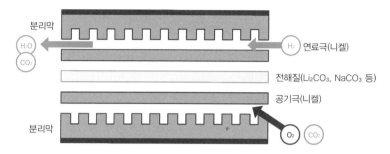

分離막

H_2O

CO_2

연료극(니켈)

H_2

전해질(Li_2CO_3, $NaCO_3$ 등)

공기극(니켈)

分離막

O_2 CO_2

그림 5-17   용융탄산염형 연료전지의 반응 구조

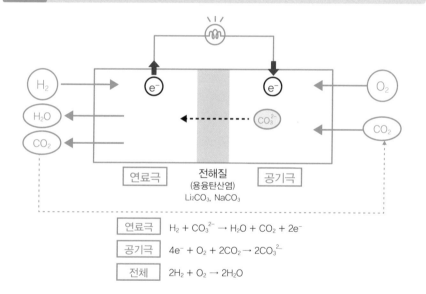

연료극	$H_2 + CO_3^{2-} \rightarrow H_2O + CO_2 + 2e^-$
공기극	$4e^- + O_2 + 2CO_2 \rightarrow 2CO_3^{2-}$
전체	$2H_2 + O_2 \rightarrow 2H_2O$

Point

✔ 용융탄산염형 연료전지는 고온에서 액체가 되어 이온 전도율이 높아지는 탄산염
을 전해질로 사용한다.

✔ 연료에 제한이 없고 개질기가 필요 없어 설계를 단순화할 수 있으므로, 용융탄산염
형 연료전지는 대규모 발전에 적합한 시스템으로서 기대할 수 있다.

✔ 연료극에서 생성된 이산화탄소를 공기극에 공급함으로써 배출하지 않고 활용할
수 있다.

Chapter

5

깨끗하고 안전한 발전 장치가 되는 전지

≫ 장시간 사용할 수 있는 연료전지

전해질을 액체에서 고체로 바꾼다

액체 전해질을 사용하는 연료전지는 오래 사용하면 전극 등이 부식되는 문제가 있습니다. 그래서 그런 문제점들을 해결하고자 고체 전해질을 사용한 것이 **고체산화물형 연료전지**(SOFC: Solid Oxide Fuel Cell)입니다. **모든 구성 요소가 고체로 되어 있고, 고온에서 작동하므로 외부 개질기가 필요 없는 간단한 장치로 연료에 제한이 없습니다.**

산소이온이 전해질을 이동한다

고체 전해질에는 고온에서 **산소이온**을 통과시키는 **고체산화물**(안정화 지르코니아 세라믹스)을 사용합니다. 연료로 일산화탄소를 사용할 수도 있지만, 이번에는 수소를 이용한 전지의 화학 반응을 설명하겠습니다(그림 5-18).

고온의 전해질 속에는 고체산화물이 녹아 산소이온이 들어 있습니다. 연료극에 수소를 공급하면 전해질 속의 산소이온과 반응해 물이 생성되고 전자를 방출합니다.

연료극에서 방출된 전자는 도선을 통해 공기극으로 이동합니다. 이동한 전자는 공기극에 공급된 산소와 반응해 산소이온을 생성합니다. 전체 반응은 다른 연료전지와 비슷합니다.

연료극: $H_2 + O^{2-} \rightarrow H_2O + 2e^-$

공기극: $4e^- + O_2 \rightarrow 2O^{2-}$

전체: $2H_2 + O_2 \rightarrow 2H_2O$

산소이온이 전해질 속을 이동하므로 고체산화물형 연료전지는 산소이온을 이용하는 아니온 교환형 연료전지라고 할 수 있습니다. 다만, 700~1000도의 고온에서 작동하므로 재질이 내열성 세라믹으로 제한되어 비용이 상승합니다(그림 5-19). 또한 긴 시동 시간이나 재료 열화와 같은 해결 과제가 남아 있습니다.

그림 5-18 고체산화물형 연료전지의 반응 구조

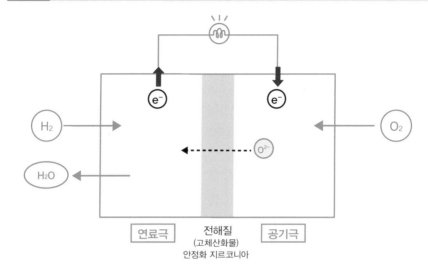

Chapter
5
깨끗하고 안전한 발전 장치가 되는 전지

그림 5-19 고체산화물형 연료전지의 구조

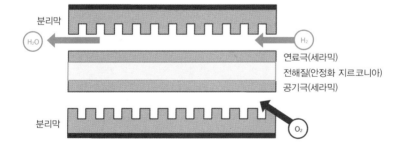

Point

✔ 고체산화물형 연료전지는 고온에서 산소이온을 통과시키는 세라믹의 일종을 전해 질로 사용한다.

✔ 고체산화물형 연료전지는 연료에 제한이 없고 모든 구성 요소가 고체이며, 장치도 간단하여 도시가스 등의 배출열 이용으로 실용화가 진행되고 있다.

✔ 700~1000도의 고온에서 작동하므로 재질이 내열성 세라믹으로 제한돼 비용이 상 승하고, 시동 시간이 길고 소재가 열화되는 등의 문제가 남아 있다.

≫ 차세대 에너지 문제를 지원하는 연료전지

자동차용 및 가정용으로 주목받는 연료전지

궁극의 친환경 자동차로 주목받는 연료전지 자동차와 가정용 전원에 사용되는 것이 **고체고분자전해질형 연료전지**(PEMFC: Polymer Electrolyte Membrane Fuel Cell)입니다.

이 역시 60년대에 우주용으로 개발을 시작했지만, 백금 촉매와 전해질 교환막이 비싸서 연구 개발이 시들해집니다. 80년대 후반부터 백금 사용량을 줄이는 기술이 개발되면서 다시 주목받기 시작했습니다. 1993년에는 캐나다에서 고분자 연료전지가 탑재된 버스가 시제품으로 만들어졌고, 이를 계기로 많은 자동차 업체들이 연료전지 개발에 나섰습니다.

소형화, 경량화할 수 있는 연료전지

전해질로 수소이온 등 양이온만 통과시키는 **고체 폴리머**(고분자막)를 사용하고 수소를 연료로 사용합니다. 수소이온이 전해질 속을 이동하는 카티온 교환형이며, 그림 5-20과 같이 반응식도 동일합니다(5-2).

전지 구조는 약 0.7V의 셀을 여러 개 겹친 스택으로 구성되는데, 소용량으로도 발전 효율이 높아 가정용부터 자동차용까지 실용화할 수 있습니다(그림 5-21).

전극의 재질은 주로 탄소 종이로 백금 등의 촉매가 도포되어 있으며, 전해질은 매우 얇고 소형화, 경량화가 가능합니다. 하지만, 수소에 일산화탄소가 포함되어 있으면 백금이 열화되기 때문에 **연료로는 고순도 수소**가 필요합니다. 또한 수소이온을 통과시키기 위해서는 수분이 필요합니다.

작동 온도가 80~90도 정도로 낮아 시동과 정지가 빠르며 전해질이 고체라 액이 샐 걱정도 없습니다. 비싼 백금 촉매를 사용하는 것과 수소이온 이동을 위한 적절한 **수분 관리** 문제가 남아 있습니다.

그림 5-20 고체고분자전해질형 연료전지의 반응 구조

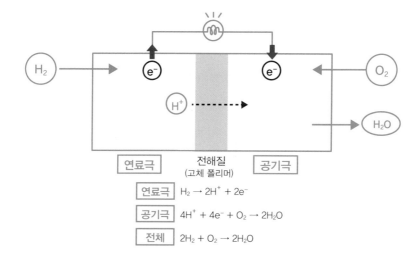

연료극 | $H_2 \rightarrow 2H^+ + 2e^-$
공기극 | $4H^+ + 4e^- + O_2 \rightarrow 2H_2O$
전체 | $2H_2 + O_2 \rightarrow 2H_2O$

그림 5-21 고체고분자전해질형 연료전지의 구조

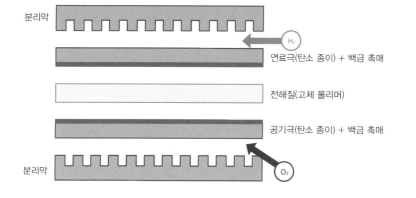

분리막
연료극(탄소 종이) + 백금 촉매
전해질(고체 폴리머)
공기극(탄소 종이) + 백금 촉매
분리막

Point

✔ 고체고분자전해질형 연료전지는 고체 폴리머를 전해질로 사용한다. 작동 온도가 낮아 시동과 정지가 빠르고, 고체 전해질이라서 새지도 않는다.

✔ 소용량으로도 발전 효율이 높아 가정용부터 자동차용에 이르는 다양한 분야에서 실용화할 수 있다.

✔ 백금 촉매 사용으로 고순도 수소가 필요해서 비용이 커지고, 수소이온 이동을 위한 수분 관리가 필요하다는 문제 등이 남아 있다.

≫ 소형 경량화를 기대할 수 있는 연료전지

수소 대신 메탄올

연료전지에서 사용하는 연료인 수소는 단독으로는 자연계에 존재하지 않으므로, 대형 설비를 이용해 천연가스 등으로부터 생산해야 합니다. 또한 수소의 저장과 운반이 어려워서 잘못하면 큰 사고로 이어질 수 있습니다.

그래서 고체고분자전해질형 연료전지의 수소를 메탄올로 대체한 것이 **직접 메탄올 연료전지**(DMFC: Direct Methanol Fuel Cell)입니다(그림 5-22). 메탄올은 저렴하고 비교적 취급이 용이합니다. 또한, 직접 연료로 사용할 수 있어 개질기가 필요 없기 때문에 시스템이 단순해지고 소형화 및 경량화가 쉬워집니다. 작동 온도는 실온에서 80도 정도이며, 저소음, 저진동 등의 장점이 있습니다.

이산화탄소와 물이 생성

연료극에 메탄올을 공급하면, 물과 반응해서 전자를 방출하고 수소이온과 이산화탄소를 생성합니다.

연료극에서 방출된 전자는 도선을 통해 공기극으로 이동합니다. 수소이온은 전해질을 통해 이동하며 공기극에서 산소와 전자와 반응하여 물을 생성합니다. 음극과 양극의 반응을 합치면 전체 반응은 그림 5-23과 같습니다.

수소이온이 전해질 속을 이동하여 이산화탄소와 물을 생성하는데, 다른 연료전지와는 다른 반응을 보입니다.

계속되는 연구 개발

2000년대 후반에 일본에서 모바일용 소형 전지가 상품화됐지만, 고순도 메탄올이 전해질인 고체 폴리머를 통과하는 **크로스오버 현상**으로 인해 전압이 저하되는 문제가 있었습니다. 그러나 그 후로도 개발이 진행되어 비상용 및 아웃도어용 전원 등이 상품화됐습니다.

그림 5-22 직접 메탄올 연료전지의 외관

MGC-FC46   MGC-FC56

출처: 미쓰비시가스화학 "제품 개요"
(URL: https://www.mgc.co.jp/
products/nc/dmfc/model.html)

그림 5-23 직접 메탄올 연료전지의 반응 구조

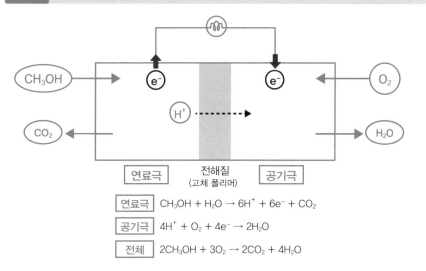

연료극	$CH_3OH + H_2O \rightarrow 6H^+ + 6e^- + CO_2$
공기극	$4H^+ + O_2 + 4e^- \rightarrow 2H_2O$
전체	$2CH_3OH + 3O_2 \rightarrow 2CO_2 + 4H_2O$

Point

✔ 직접 메탄올 연료전지는 개질기를 사용하지 않고 직접 메탄올을 공급해 반응시키 므로 시스템이 단순해져 소형화를 기대할 수 있다.

✔ 직접 메탄올 연료전지는 수소이온이 전해질 속을 이동해 이산화탄소와 물을 생성 한다. 다른 연료전지와는 다른 반응을 보인다.

✔ 모바일용 소형 전지가 상용화됐지만, 크로스오버 현상으로 인해 전압이 저하되는 문제가 발생했다.

≫ 미생물 효소로 전기를 만든다

미생물 효소를 이용한다

바이오 연료전지는 생명체가 에너지를 만들어 내는 원리를 응용한 전지로, 구체적으로는 미생물 또는 효소를 이용한 전지입니다. 바이오 연료전지는 백금 촉매처럼 고가의 재료가 필요 없고, 실온에서 작동할 수 있습니다. 효소는 저렴하고 무한히 존재하며 금속처럼 환경을 오염시키지도 않습니다. 또한 효소를 사용하는 바이오 연료전지는 생체 친화성이 높아, 체내에서 사용할 경우 금속을 사용하는 연료전지보다 안전합니다. 최근에는 효소를 사용하는 웨어러블 디바이스용 전지가 연구 개발되고 있습니다(그림 5-24).

밥을 먹는 것처럼 전기를 생산한다?

인간은 입에 들어간 음식을 다양한 소화 효소로 분해하여 생물 활동에 필요한 에너지를 얻습니다. 음식에는 탄수화물, 지방, 단백질 등이 들어 있는데, 이들은 탄소가 많이 연결된 물질이며 전자를 매개로 결합되어 있습니다. 바이오 연료전지에서는 이 탄소 간의 결합을 끊을 때 전자를 추출하여 전력을 생산합니다.

두 종류의 효소를 활용한다

그림 5-25는 포도당을 연료로 사용하는 전지의 반응 구조입니다. 연료극 표면에는 소화 효소를 도포합니다. 공기극 표면에는 소화 효소와 반대로 분자를 합성하는 환원 효소를 도포합니다.

연료극에 포도당을 공급하면, 소화 효소와 반응하여 전자를 방출하고 수소이온과 글루코노락톤을 생성합니다. 방출된 전자는 도선을 따라 공기극으로 이동합니다. 수소이온은 분리막을 통과하여 공기극에서 환원 효소와 공급된 산소, 이동해 온 전자와 반응하여 물을 생성합니다.

그림 5-24 소변이나 땀을 이용한 바이오 연료전지의 반응 구조

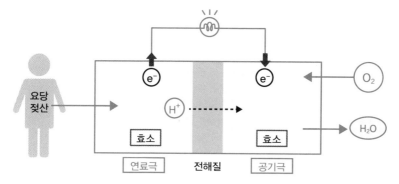

※ 의료, 간병, 건강 등의 분야에서 웨어러블 생체 센서로 실용화 예정

그림 5-25 연료로 포도당을 사용한 바이오 연료전지의 반응 구조

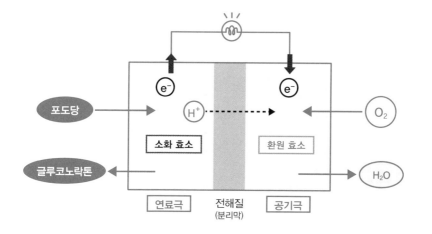

Point

✔ 바이오 연료전지란 미생물 또는 효소를 이용한 전지로, 특히 효소전지 분야의 연구 개발이 눈부시게 발전하고 있다.

✔ 백금 촉매 등 고가의 재료가 필요 없고 실온에서 작동할 수 있다.

✔ 연료인 효소는 저렴하고 무한히 존재하며, 금속처럼 환경을 오염시키지도 않는다.

✔ 효소를 이용하는 바이오 연료전지는 생체 친화성이 높아, 체내에서 사용하는 경우 등 금속을 이용하는 연료전지보다 안전하다고 여겨진다.

연필과 물로 연료전지를 만들어 보자

차세대 친환경에너지로 기대되는 연료전지(5장)는 물의 전기분해와는 반대로 물에서 전기를 만들어 냅니다. 실제로는 고가의 촉매 등이 필요하지만, 이번에는 일상적인 소재로 연료전지를 재현해 봅시다. 이 실험은 반드시 창문을 열어 두고 해야 합니다.

준비물

- 연필 두 자루 (위아래를 깎아 놓는다)
- 리드선
- 9V 각형 전지
- 실험용 전자 오르골
- 식염수(염화나트륨 수용액)
- 플라스틱 뚜껑 컵

실험 방법

① 컵에 물을 반 이상 채우고 소금 1티스푼을 넣어 녹입니다. 컵 뚜껑을 덮고 연필심이 소금물에 잠기도록 넣습니다.

② 리드선을 연필과 전지에 연결합니다. 연필심에서 거품이 나오면 물이 전기분해되는 것이므로 3분이 지나면 리드선을 전지에서 분리합니다.

③ 리드선을 전자 오르골에 연결하여 소리가 나는지 확인합니다.

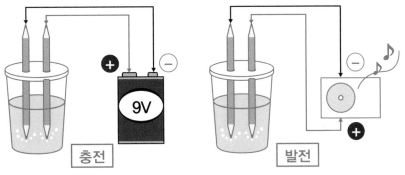

참고: 간사이 전력 "연료전지를 만들어 발전해 보자!"
(https://www.kepco.co.jp/brand/for_kids/ecolabo/01.html)

빛과 열을 전기에너지로 바꾼다

화학 반응 없이 전기로 변환하는 물리전지

Battery

≫ 태양의 빛을 전기로 바꾸는 전지

흔히 볼 수 있는 태양광 패널도 전지 중 하나 ////////////////////////////////

최근 들어 주택이나 건물의 지붕, 가로등 등에 태양광 패널이 설치된 것을 자주 볼 수 있게 됐습니다. 이러한 패널들은 **태양전지**라고 불리는 물리전지의 일종으로, 태양 등의 빛이 물질에 닿으면 전자가 발생하는 **광기전력 효과**를 이용해 전기를 생산합니다. **빛이 닿아 있으면 지속적으로 전기를 만들어 내는 발전 장치와 같은 전지로, 태양광발전**(PV)이라고 부르기도 합니다.

카메라 노출계는 태양전지? ////////////////////////////////

1839년 프랑스의 에드몽 베크렐Edmond Becquerel이 백금 전극 한 쌍을 전해질에 담그고 한쪽 전극에 빛을 비추면 미세한 전기가 흐르는 광기전력 효과를 발견했습니다(그림 6-1). 1876년에는 영국의 윌리엄 그릴스 아담스William Grylls Adams와 리처드 에반스 데이Richard Evans Day가 금속판에 셀레늄을 칠하고 그 표면에 빛을 비추면 전기가 생성된다는 사실을 발견합니다. 이 셀레늄의 기전력을 응용하여 1883년 미국의 찰스 프리츠Charles Fritts가 발명한 세계 최초의 태양전지 **셀렌 광전지**는 1960년대까지 카메라의 노출계로 사용됐습니다(그림 6-2).

급속도로 확산되는 태양전지 ////////////////////////////////

현재와 같은 태양전지는 1954년 미국 벨 연구소에서 발명했습니다. 바로 우주 개발용으로 실용화되기 시작해, 1958년에는 최초의 우주용 태양전지가 과학위성에 탑재됐습니다.

최근에는 손목시계나 휴대전화, 이차전지와 결합하여 낮에 발전한 전기를 밤에 사용할 수 있게 한 가로등에도 사용되고 있습니다.

그림 6-1 베크렐 태양전지의 원형

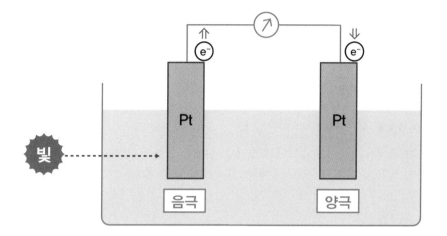

그림 6-2 카메라에 탑재된 셀렌 광전지

셀렌 광전지

셀렌 광전지는 빛이 있을 때 약간의 전기가 흐르는데,
빛의 양을 측정하는 카메라 노출계에 사용됐다.

Point

✔ 태양전지는 태양 등 빛에너지를 받을 때 발생하는 광기전력 효과를 직접 전기로 추출하는 전지이다.

✔ 태양전지는 빛을 비추는 한 지속적으로 전기를 생산할 수 있는 발전 장치와 같다.

✔ 세계 최초의 셀렌 광전지는 전류가 많이 흐르지 않아, 1960년대까지 카메라의 노출계로 사용됐다.

≫ 태양전지를 분류한다

수명이 길고 신뢰할 수 있는 전지

태양전지를 주로 구성하는 반도체(6-3) 소재로 분류하면, 그림 6-3처럼 크게 **실리콘계, 화합물계, 유기계**로 나눌 수 있습니다.

실리콘 결정계는 **수명이 길고 신뢰성이 높습니다.** 단결정 실리콘 태양전지는 교환 효율이 높지만, 고순도 실리콘이 대량으로 필요해 제조 비용이 비쌉니다. 다결정 실리콘 태양전지는 변환 효율이 단결정만큼 높지 않지만, 비용이 저렴해서 주택용으로 많이 보급되고 있습니다(그림 6-4).

박막계는 변환 효율은 낮지만 비용이 더 싸고, 가볍고 열에 강하며 유연성이 있어 지금까지 설치가 불가능했던 곳에도 적용할 수 있습니다. 결정화되지 않은 비정질 실리콘은 발전 효율이 낮지만, 단결정 실리콘과 비정질 실리콘을 여러 층으로 쌓은 다중 접합형 HIT 태양전지는 발전 효율이 높아 실용화됐습니다.

여러 재료를 조합하거나 유기물을 사용하는 전지

화합물계는 **여러 가지 재료를 사용**합니다. 주로 갈륨과 비소를 사용하는 GaAs 태양전지, 카드뮴과 텔루라이드를 사용하는 CdTe 태양전지, 구리, 인듐, 셀레늄을 사용하는 CIS 태양전지, CIS를 구성하는 인듐의 일부를 갈륨으로 대체한 CIGS 전지가 있습니다. 이러한 태양전지들은 희소 금속이나 유해 물질 함유, 변환 효율 등의 문제로 아직 실용화에 이르지는 못했습니다. 하지만, 재료의 조합은 수없이 많으므로 앞으로의 연구 개발이 기대됩니다.

유기계는 무기물 재료를 사용하는 실리콘계나 화합물계와 달리, **유기물 재료를 사용**합니다. 유기 박막계와 염료 감응계로 나뉘며, 제조 방법도 매우 간단하고 비용이 저렴합니다. 변환 효율이나 전지 수명 등의 과제가 있어, 추가적인 연구 개발이 필요합니다. 최근에는 페로브스카이트 태양전지(6-5)가 주목받고 있습니다.

그림 6-3 반도체 소재로 분류한 태양전지

그림 6-4 단결정과 비정질 실리콘의 차이

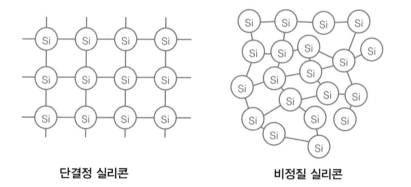

단결정 실리콘　　　　　　비정질 실리콘

Point

✔ 태양전지는 구성 재료에 따라 크게 실리콘계, 화합물계, 유기계로 나뉜다.

✔ 실리콘을 이용한 다결정 태양전지는 변환 효율이 단결정 실리콘 태양전지만큼 높지 않지만, 비용이 저렴하여 주택용으로 가장 많이 보급됐다.

✔ 유기계 중에서도 염료 감응형인 페로브스카이트 태양전지가 유망한 차세대 태양전지로 주목받고 있다.

≫ 태양전지에 빠질 수 없는 재료

태양전지를 뒷받침하는 기술, 반도체

태양전지를 구성하는 재료 대부분은 **반도체**입니다. 반도체란 **도체(금속 등 전기가 잘 통하는 것)**와 **절연체(유리나 고무 등 전기가 전혀 통하지 않는 것)의 중간 성질을 가진 재료**를 말합니다. 반도체는 외부에서 빛이나 열 등의 에너지를 가하면 전기가 흐르기 쉬워지는 성질이 있습니다(그림 6-5).

반도체에 없어서는 안 되는 원소 '실리콘'

실리콘계 반도체의 주성분인 실리콘(규소)은 지구의 지각에 산소 다음으로 많이 존재하는 원소로, 석영 등의 이산화규소 형태로 규석이나 규사에 포함되어 있습니다(그림 6-6). 순수한 실리콘은 전류가 거의 흐르지 않지만, 불순물을 첨가하면 전기가 통하기 쉬워져 반도체가 됩니다.

두 종류의 반도체

실리콘계 태양전지는 **n형 반도체**와 **p형 반도체**라는 전기적 성질이 다른 두 종류의 반도체가 사용됩니다. 순수한 실리콘에 인 등을 첨가한 것이 n형 반도체이고, 붕소 등을 넣은 것이 p형 반도체입니다.

n은 네거티브^{Negative}의 n으로, 불순물 첨가로 인해 실리콘 안에 음전하인 전자가 남는 상태를 나타냅니다. 즉, n형 반도체는 전자를 방출하기 쉬운 상태라고 할 수 있습니다.

p는 포지티브^{Positive}의 p로, 불순물 첨가로 인해 실리콘 안에 전자가 부족한 상태를 나타냅니다. 이 전자가 부족한 부분은 양전하인 **정공**^{Hole}을 가진 상태로도 표현됩니다. 결국, p형 반도체는 전자를 받아들이기 쉬운 상태라고 할 수 있습니다(그림 6-7).

| 그림 6-5 | 물질과 전기가 흐르기 쉬운 정도 |

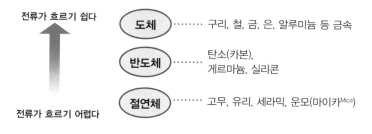

전류가 흐르기 쉽다

도체 ……… 구리, 철, 금, 은, 알루미늄 등 금속

반도체 ……… 탄소(카본),
게르마늄, 실리콘

절연체 ……… 고무, 유리, 세라믹, 운모(마이카^{Mica})

전류가 흐르기 어렵다

| 그림 6-6 | 지구의 지각 내 원소의 중량비 |

순위	원소	클라크수
1	산소	49.5
2	규소	25.8
3	알루미늄	7.56
4	철	4.7
5	칼슘	3.39

※ 클라크수: 지구상의 지표 부근에 존재하는 원소의 비율을 중량비로 나타낸 것
출처: 신에츠화학공업 "실리콘이란?" (URL: https://www.silicone.jp/info/begin1.shtml)

| 그림 6-7 | n형과 p형 반도체의 이미지 |

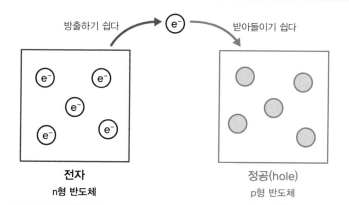

방출하기 쉽다   e⁻   받아들이기 쉽다

전자
n형 반도체

정공(hole)
p형 반도체

Point

✔ 반도체는 도체와 절연체의 중간 성질이 있어, 외부에서 빛이나 열 등의 에너지를
  가하면 전기가 잘 흐른다.

✔ 현재 사용되는 태양전지는 대부분 실리콘계 태양전지이다.

✔ n형 반도체는 전자를 방출하기 쉽고, p형 반도체는 전자를 받아들이기 쉽다.

≫ 가장 널리 보급된 태양전지

반도체를 두 개 겹치면 전지가 된다?

n형 반도체와 p형 반도체를 겹쳐서 접합하면, 빛을 비추기만 해도 전류가 흐릅니다. 먼저 빛을 비추기 전에 이 두 반도체를 접합합니다.

접합부에서는 n형 반도체의 음전하를 띤 전자와 p형 반도체의 양전하를 띤 정공이 서로 끌어당겨 전기적으로 중화 결합하여 전하가 소멸되고 전하가 존재하지 않는 영역(**공핍층**Depletion Layer)이 형성됩니다.

그리고 n형 반도체, 결합 부분의 공핍층, p형 반도체는 각각 에너지적으로 균형이 잡힌 상태로 안정되어 있습니다(그림 6-8).

빛을 비추면 전기가 발생한다

다음으로 결합 부분의 공핍층에 빛을 비추면, 소멸했던 공핍층의 전자와 정공이 다시 나타납니다. 그리고 음전하를 띤 전자는 n형 반도체로, 양전하를 띤 정공은 p형 반도체로 이동합니다. 그러면 지금까지 에너지적으로 균형을 이루던 상태에서 전자를 밖으로 밀어내는 힘이 생깁니다. 이 힘이 기전력이 되고, 외부 회로에 연결하면 n형 반도체가 음극, p형 반도체가 양극이 되어 회로에 전류가 흐르게 됩니다(그림 6-9). 이러한 현상을 광기전력 효과(6-1)라고 합니다.

빛이 닿는 동안 전자와 정공이 잇따라 나타나면서 계속해서 전기를 만들어 냅니다. 이것이 실리콘계 태양전지의 원리입니다.

태양전지의 연구

실리콘계 태양전지는 앞면에 n형 반도체, 뒷면에 p형 반도체를 겹친 구조입니다. 실리콘에 빛을 비추면 약 30% 이상이 반사되므로, 더 많은 빛을 흡수하기 위해서 태양광이 들어오는 반도체 부분에는 **반사 방지막**이 코팅됩니다. 태양전지의 앞뒷면에는 전기를 추출하는 데 필요한 **알루미늄 전극**이 있습니다(그림 6-10).

그림 6-8 n형과 p형 반도체가 접합된 상태

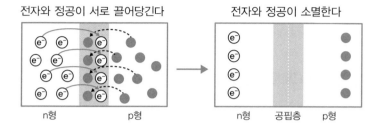

전자와 정공이 서로 끌어당긴다

전자와 정공이 소멸한다

n형 　 p형 　　 n형 　 공핍층 　 p형

그림 6-9 빛이 닿았을 때 n형과 p형 반도체의 반응

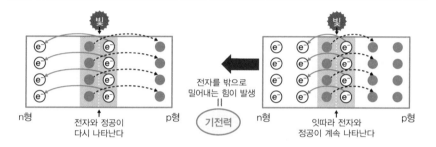

빛

빛

전자를 밖으로
밀어내는 힘이 발생
=
기전력

n형 　　　 p형 　　　 n형 　　　　　 p형

전자와 정공이
다시 나타난다

잇따라 전자와
정공이 계속 나타난다

그림 6-10 실리콘계 태양전지의 구조

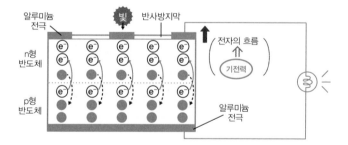

알루미늄
전극 　　 빛 　 반사방지막

전자의 흐름

기전력

n형
반도체

p형
반도체

알루미늄
전극

Point

✔ n형 반도체와 p형 반도체의 접합 부분에서는 n형 반도체의 전자와 p형 반도체의
정공이 결합하여 전하가 존재하지 않는 영역(공핍층)이 형성된다.

✔ 접합 부분의 공핍층에 빛을 비추면, 음전하를 띤 전자는 n형 반도체로, 양전하를 띤
정공은 p형 반도체로 이동하여 양극과 음극이 형성된다.

✔ 실리콘계 태양전지는 n형 반도체와 p형 반도체를 겹치고 알루미늄 전극을 붙인 구
조로 되어 있다.

» 유력한 차세대 태양전지

일본에서 발견된 새로운 태양전지 //

현재는 실리콘계 태양전지가 압도적인 주류를 차지하고 있습니다. 하지만, 실리콘계 태양전지는 두껍고 무거우며 구부릴 수 없다는 단점이 있습니다. 또한 실리콘 가격이 비싸고, 제조 공정에서 소비되는 전력도 큽니다.

그래서 차세대 태양전지로 전 세계가 주목하고 있는 것이 2009년 일본 미야사카 츠토무宮坂力가 발견한 **염료감응형 태양전지**의 일종인 **페로브스카이트 태양전지**입니다. 이미 실리콘계에 필적하는 높은 교환효율을 보이며, 실리콘이나 희소 금속을 사용하지 않고 도포 기술로 제조할 수 있어 비용이 매우 저렴합니다. 또한 얇고, 가볍고, 접을 수 있어 설치 장소를 가리지 않는 것이 가장 큰 장점입니다.

페로브스카이트 전지의 원리 //

페로브스카이트 구조로 불리는 독특한 결정 구조는 다양한 물질을 합성하여 만들 수 있습니다(그림 6-11). 이들을 총칭하여 **페로브스카이트**라고 부릅니다.

전지의 원리는 다음과 같습니다. 음극 전극 쪽 금속산화물 막 위에 유기계 페로브스카이트($NH_3CH_3PbI_3$) 결정 박막을 도포하고 빛을 비춥니다. 그러면 페로브스카이트 층은 빛을 흡수하여 전자를 방출합니다. 전자는 외부 회로를 통해 정공이 모이는 유기계 정공 수송층으로 들어갑니다(그림 6-12).

이처럼 빛이 닿는 동안은 외부 회로로 전자가 계속 흐르고 전기를 추출할 수 있습니다.

해결해야 할 과제 //

이미 필름 형태의 페로브스카이트 태양전지 등이 개발되고 있습니다. 하지만, 페로브스카이트는 불안정하고 열 등 외부 영향을 받기 쉬우며 유해 물질인 납을 포함하므로 환경에 대한 부담이 우려됩니다.

그림 6-11 페로브스카이트 결정 구조

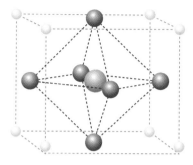

○ $NH_3CH_3^+$

● Br^- 또는 I^-

● Pb^{2+}

출처: 과학기술진흥기구 " 페로브스카이트형 태양전지개발"
(URL: https://www.jst.go.jp/seika/bt107-108.html)

그림 6-12 페로브스카이트 태양전지의 원리

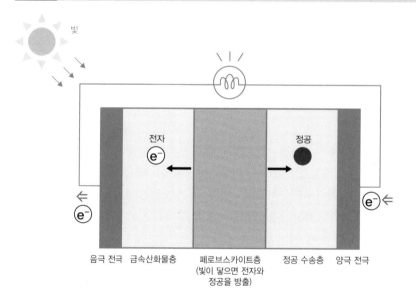

빛

전자
e^-

정공

e^-

e^-

음극 전극 금속산화물층 페로브스카이트층 정공 수송층 양극 전극
(빛이 닿으면 전자와
정공을 방출)

Point

✔ 페로브스카이트 태양전지의 가장 큰 장점은 비용이 저렴하고 얇고 가벼우며 접을
수 있어 설치 장소를 가리지 않는다는 점이다.

✔ 페로브스카이트 구조라 불리는 독특한 결정 구조는 다양한 물질을 합성하여 만들
수 있다.

✔ 페로브스카이트는 열 등 외부의 영향을 받기 쉬워 내구성에 문제가 있고, 유해 물
질인 납을 함유하고 있어 환경 오염 우려가 있다.

≫ 열에서 전기를 추출하는 전지

금속을 가열하면 전기가 발생한다?

두 종류의 금속이나 반도체를 양끝에 연결하고 한쪽 접점은 고온을, 다른 쪽 접점은 저온으로 온도차를 주면 전류가 흐릅니다. 예를 들어, 구리선과 니크롬선을 꼬아서 꼬인 부분만 가열하면 가열되지 않은 부분과 온도차가 생기고, 전자가 저온 쪽으로 이동하면서 기전력이 발생해 전류가 흐르게 됩니다. 이 현상은 1821년 독일의 토마스 제벡Thomas Seebeck에 의해 발견됐으며, **제벡 효과**(열전 효과, 열전변환 효과)라고 불립니다(그림 6-13).

태양전지와 같은 반도체를 사용한다

열기전력전지(열전지)는 제벡 효과를 이용하여 전기를 생산합니다. 실용화된 열기전력전지에는 **열전변환소자**(열전발전 모듈)가 있습니다. 이는 금속보다 높은 기전력을 얻을 수 있는 반도체로, 태양전지에 사용되는 것과 동일한 n형 반도체와 p형 반도체가 사용됩니다.

열전변환소자의 고온측 전극을 가열하면, 열이 높은 곳에서 전자와 정공이 발생해 열이 낮은 쪽으로 이동하려고 합니다. 이때 외부 회로에 전자를 흘려 주면 전자와 정공이 결합해 안정화되려고 하기 때문에 전류가 흐르게 되는 것입니다(그림 6-14).

이처럼 열기전력전지는 **화학 반응이 아닌 열로부터 직접 전기를 얻을 수 있어 열전지**라고도 불리며, 물리전지의 일종입니다.

버려지던 열을 회수해서 이용한다

열기전력전지는 소형 냉장고나 와인 냉장고, 외딴 섬이나 오지, 우주나 해저의 장기 무보수 전원으로 활용되고 있습니다. 또한 열기전력전지를 이용해 가정이나 공장의 폐열, 지열, 해양열 등 지금까지 버려지던 열을 효율적으로 회수하는 방법이 연구되고 있습니다.

그림 6-13 제벡 효과의 원리

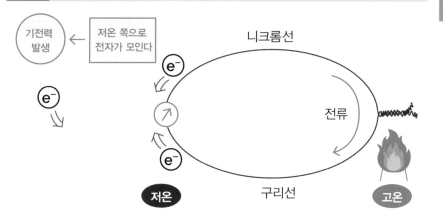

그림 6-14 열전변환소자의 구조

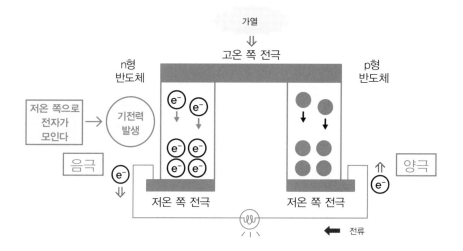

Point

✓ 두 종류의 금속이나 반도체를 폐회로로 만들어 양 끝에 온도차를 주면 전류가 흐르는 제벡 현상을 이용해 전기를 만들어 내는 것이 열기전력전지이다.

✓ 실용화된 열기전력전지는 태양전지와 같은 n형 반도체와 p형 반도체를 사용하여 발전한다.

✓ 열기전력전지는 열에서 직접 전기를 얻을 수 있어 열전지로도 불리며 물리전지의 일종이다.

≫ 원자력에너지로 전기를 만든다

원자력에너지로 만드는 전지

'원자력에너지로 전기를 만든다'고 하면 원자력발전을 떠올리는 사람이 많을 것입니다. 하지만 이는 화력발전과 유사한 발전 방식이지 전지가 아닙니다.

원자력전지(방사성전지, 방사성동위원소전지, RI전지)는 **방사성 물질**(방사성동위원소)이 붕괴할 때 발생하는 열을 이용하여 전기를 만들어 냅니다. 초기에는 세륨, 퀴륨, 스트론튬 등을 방사성 물질로 이용했지만, 현재는 대부분 **플루토늄**을 이용하며 1960년대에 우주용으로 실용화가 시작됐습니다.

장기적으로 안정된 전지

방사성 물질에 중성자가 충돌하여 붕괴할 때 방출하는 방사선인 α선과 β선은 물질에 흡수되면 높은 열에너지가 발생합니다. 보온재에 열에너지를 가두면 높은 온도를 얻을 수 있는데, 이 고온과 주변 온도차에 의한 제벡 효과(6-6)로 전기를 만들어 낼 수 있습니다. 구체적으로는 열전변환소자를 이용해서 발전합니다(그림 6-15).

사용되는 방사성 폐기물인 플루토늄은 물질 내의 핵종이 붕괴되고 안정화되기까지 시간이 걸립니다. 따라서 장기간 안정적으로 에너지를 공급할 수 있기 때문에 태양전지를 사용할 수 없는 심우주 공간 등을 탐사하는 탐사선에 탑재됐습니다. 또한 수명이 긴 전지는 체내에 이식하는 수술 횟수를 줄일 수 있어 심박조율기용 전원으로 사용되기도 했습니다(그림 6-16).

그러나 탑재하고 있던 인공위성이 육지에 추락하여 플루토늄이 공기 중에 방출된 사고나 방사성 물질을 심박조율기의 작은 전지에 완전히 가두는 기술이 어려운 점 등으로 현재는 수명이 충분히 긴 리튬이온전지로 대체되고 있습니다. 최근에는 탄소-14를 이용한 다이아몬드전지 연구가 주목받고 있습니다.

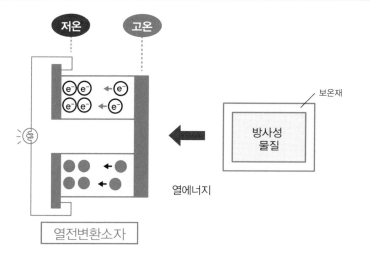

그림 6-15 원자력전지의 원리

저온　고온

보온재

방사성
물질

열에너지

열전변환소자

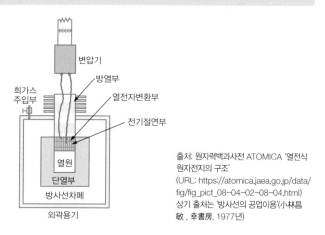

그림 6-16 원자력전지의 구조

변압기

방열부

희가스
주입부

열전자변환부

전기절연부

열원

단열부

방사선차폐

외곽용기

출처: 원자력백과사전 ATOMICA '열전식
원자력전지의 구조'
(URL: https://atomica.jaea.go.jp/data/
fig/fig_pict_08-04-02-08-04.html)
상기 출처는 '방사선의 공업이용'(小林昌
敏 , 幸書房, 1977년)

Point

✔ 현재 원자력전지에 사용되는 방사성 물질은 대부분 플루토늄이다.

✔ 원자력전지는 방사성 물질에 중성자가 충돌하여 붕괴할 때 방출되는 높은 열을 이
용해 열전변환소자로 전기를 만든다.

✔ 장기간 안정적으로 에너지를 공급할 수 있는 원자력전지는 우주 탐사선이나 심박
조율기 등에서 사용됐지만, 현재는 리튬이온전지가 사용된다.

≫ 화학 반응 없이 전기를 저장해서 활용하는 축전장치 ①

전기를 저장하는 축전장치 콘덴서

콘덴서는 전지와 같이 전기를 저장하거나 방출하는 기능이 있어, 많은 전자기기에 내장되어 있습니다. 기본적으로 콘덴서의 구조는 전기가 통하는 두 개의 금속판 사이에 전기가 통하지 않는 절연체를 끼운 형태입니다.

외부 전극에서 콘덴서로 전기를 흐르게 하면, 절연체에는 전기가 흐르지 않아 두 전극판에 음전하인 전자와 양전하인 정공이 쌓이게 됩니다. 이 전자들에 의해 절연체의 양 끝에도 전자가 모이고 결과적으로 전자가 쌓인 상태가 됩니다. 이것을 **유전분극**이라고 하며, 외부 전극에서 전기를 멈추어도 상태가 유지됩니다(그림 6-17). 또한 회로에 전구를 연결하면 전기가 흘러 방전됩니다.

이처럼 콘덴서는 **화학적 반응을 일으키지 않고, 직접 전기를 저장하여 필요할 때 꺼내 쓸 수 있는 축전 장치**입니다.

콘덴서와 같은 현상을 만들어 내다

전해질에 녹지 않는 두 금속판을 전해질 속에 넣고 전기를 흐르게 하면, 콘덴서처럼 유전분극이 일어납니다. 예를 들어, 음극 전극과 전해액의 계면에서는 전극 쪽에는 음전하를 띤 전자가, 전해액 쪽에는 전해질 속 양이온이 끌어당겨 전하의 층이 생깁니다. 이것을 **전기 이중층**이라고 합니다(그림 6-18). 또한 양극 계면에서도 마찬가지로 유전분극에 의해 양전하인 정공과 음이온이 서로 끌어당겨 전기 이중층이 형성됩니다.

이처럼 전지의 화학 반응이 일어나지 않는 물질을 사용한 전극과 전해질에 전기를 흘리면 전극과 전해질의 계면에 전기 이중층이 생깁니다. 이 전기 이중층에 전기를 저장하여 전지로 이용하는 것이 **전기 이중층 (슈퍼) 커패시터**(EDLC: Electric Double Layer Capacitor)입니다.

전기 이중층 커패시터는 화학 반응 없이 전기를 저장하고 필요할 때 꺼내 쓰는 물리적인 이차전지라고 할 수 있습니다.

그림 6-17 콘덴서의 유전분극

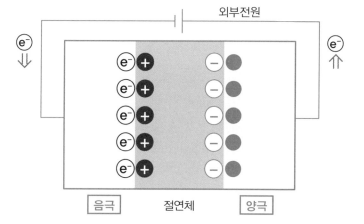

그림 6-18 전기 이중층의 발생

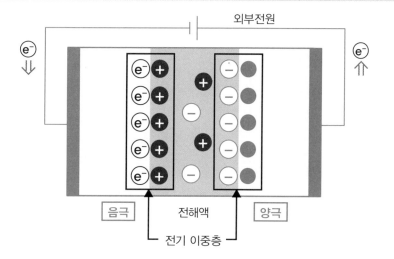

Point

✔ 콘덴서는 화학적 반응을 일으키지 않고 직접 전기를 저장하고 필요할 때 꺼내 쓸 수 있는 축전 장치이다.

✔ 전지의 화학 반응이 일어나지 않는 재료를 사용한 전극과 전해질에 전기를 흐르게 하면, 유전분극 현상에 의해 전기 이중층이 형성된다.

✔ 전기 이중층 커패시터는 화학 반응에 의존하지 않고, 전기 이중층을 생성함으로써 충방전하는 물리적 이차전지이다.

≫ 화학 반응 없이 전기를 저장해서 활용하는 축전장치 ②

전기 이중층 커패시터의 구조

1957년 미국 제너럴 일렉트릭에서 개발한 전기 이중층 커패시터는 1987년에 와서야 일본에서 처음으로 실용화됐습니다. 전지 구조는 화학전지와 마찬가지로 두 개의 전극과 집전체, 전해질, 분리막으로 구성됩니다. 두 전극 모두 다공성 활성탄소 등 동일한 재료가 사용되며, 전해질은 이차전지와 마찬가지로 유기용매나 수용액 등 용도에 따라 구분하여 사용됩니다. 원통형, 상자형, 동전형 등 여러 가지 형태가 있습니다.

커패시터의 충방전 원리

전기 이중층 커패시터의 두 전극으로 외부 전원에서 전기를 흘리면 전극과 전해질의 계면에 전기가 쌓여 전기 이중층이 형성됩니다(6-8). 이때 커패시터가 충전된 상태가 됩니다(그림 6-19).

충전된 커패시터의 회로에 전구를 연결하면, 음극의 전자가 회로로 흐르고 **양이온**이 계면을 떠나 전해질 속으로 퍼져갑니다. 양극에서는 음극으로부터 전자가 흘러와서 정공이 없어지고, **음이온**이 계면을 떠나 전해질 속으로 퍼져갑니다. 이것이 커패시터가 방전된 상태입니다.

소형 전자기기에서 활약 중

전기 이중층 커패시터의 충방전은 **화학 반응을 일으키지 않고 전해질 속 이온의 이동**만으로 이루어집니다. 충방전을 반복해도 성능 저하가 거의 발생하지 않으며, 수백 회의 사이클 수명을 갖습니다. 또한 충방전 시간이 짧고 사용할 수 있는 온도 범위도 넓다는 장점이 있습니다. 반면에 에너지 밀도가 작고, 자가방전율이 비교적 높으며, 이차전지에 비해 고비용이라는 과제가 있습니다. 동전형은 소형 전자기기의 메모리 백업용으로 자주 채택되며, 비상 전원 등으로도 사용됩니다(그림 6-20). 또한 대형화한 것은 건설 기계 분야에서 커패시터 탑재 유압 기기 등에 사용되고 있습니다.

그림 6-19
전기 이중층 커패시터의 충방전

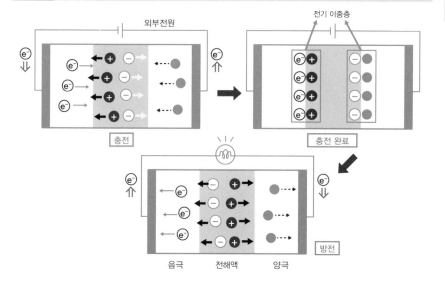

음극   전해액   양극

그림 6-20
전기 이중층 커패시터의 구조

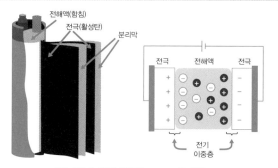

출처: 일본케미콘 주식회사 "DLCAP 기초지식"
(URL: https://www.chemi-con.co.jp/products/edlc/knowledge.html)

Point

✔ 전기 이중층 커패시터의 전지 구조는 화학전지와 마찬가지로 2개의 전극과 집전체, 전해질, 분리막으로 구성된다.

✔ 전기 이중층 커패시터의 충방전은 화학 반응을 일으키지 않아, 충방전을 반복해도 성능 저하가 거의 없고 사이클 수명도 수백 회에 달한다.

✔ 동전형은 소형 전자기기의 메모리 백업용으로 많이 채택되며 비상용 전원 장치 등에도 사용된다.

● **라이덴 병 콘덴서를 만들어 보자** ●

전기를 저장하는 커패시터(6-8)는 전기가 통하는 금속판 사이에 전기가 통하지 않는 절연체를 끼워 넣은 구조입니다. 1746년 세계 최초의 커패시터인 라이덴 병은 유리에 주석박을 입힌 것이었지만, 이번에는 우리에게 친숙한 재료로 만들어 봅시다.

준비물

- 플라스틱 컵 2개
- 알루미늄 포일
- 화학섬유를 사용한 머플러
- 길쭉한 풍선 1개

실험 방법

① 알루미늄 포일을 감싼 컵 2개를 겹친다.

② 컵과 컵 사이에 알루미늄 포일을 1cm 정도 폭으로 길게 접은 돌출부를 끼운다.

③ 풍선과 머플러를 문질러 정전기를 일으킨 후 풍선을 컵의 돌출부에 가까이 붙인다. 이 과정을 여러 번 반복한다.

④ 컵을 손에 들고 돌출부를 만져 보자. 찌릿한 느낌이 들면 성공이다.

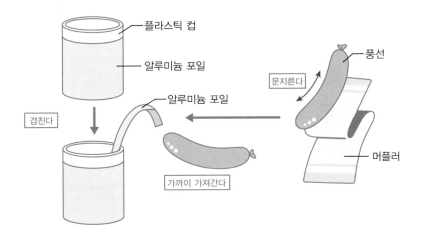

전지를 둘러싼 세계

변화의 한가운데에 있는 전력에너지

Battery

» 재생 가능 에너지의 전력 저장과 이차전지

한국의 에너지 현황

한국의 에너지는 석유, 석탄, LNG(천연가스)와 같은 **화석 연료**에 크게 의존하고 있는데, 이러한 에너지 자원의 부족으로 대부분 해외에서 수입합니다(그림 7-1). 에너지 자원을 해외에 지나치게 의존하면, 2022년 러시아의 우크라이나 침공과 같은 국제 정세의 영향으로 안정적인 공급이 곤란해질 수 있습니다.

안정적인 에너지 공급

그래서 주목받는 자원이 수입에 의존하는 화석 연료와 달리 **태양이나 바람을 이용해 발전할 수 있는 재생 가능 에너지**입니다. 하지만 재생 가능 에너지는 계절이나 날씨뿐만 아니라 하루 중 시간대에 따라서도 발전량이 크게 변동하기 때문에 이것만으로는 전력 수요를 충당할 수 없습니다. 한편으로 전력 수요도 낮과 밤의 수요 변동이 크고, 여름에는 최대 수요, 그 외의 시기에는 감소하는 경향이 있어 계절에 따른 변동도 심합니다. 그래서 에너지의 **안정 공급**을 위해 재생 가능 에너지뿐만 아니라 화력발전, 수력발전 등 발전량을 조절할 수 있는 전원을 조합해서 수요를 충당합니다.

전력 저장을 위한 이차전지

이차전지를 잘 활용하면, 전력 수요가 적은 날에는 남는 전력(잉여전력)을 저장해 두었다가(**전력 저장**), 수요가 많거나 재해가 발생한 경우에 사용할 수 있습니다. 소규모의 경우 리튬이온전지(4장), 니켈-수소전지(3-13), 중소규모에서 대규모의 경우 NAS전지(3-16), 레독스흐름전지(3-19)가 전력 저장을 위한 이차전지로 활용되고 있습니다(그림 7-2).

그림 7-1 한국의 에너지 수입 추이

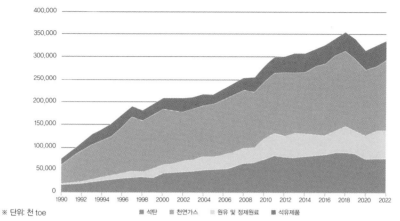

※ 단위: 천 toe   ■ 석탄 ■ 천연가스 ▨ 원유 및 정제원료 ■ 석유제품

※ toe: 석유환산톤(Ton of Oil Equivalent). 석탄이나 석유, 천연가스 같은   출처: 에너지경제연구원 2023에너지통계연보
에너지자원의 발열량을 나타내기 위해 지정한 표준 에너지 단위를 말한다.

그림 7-2 재생에너지와 이차전지

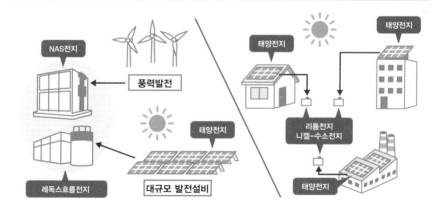

Point

✔ 한국의 에너지 구조는 화석 연료에 크게 의존하고 있으며, 자체 에너지 자원의 부족으로 대부분 해외에서 수입한다.

✔ 재생 가능 에너지는 계절이나 날씨 등에 따라 발전량이 크게 변동하기 때문에 화력발전, 수력발전 등 발전량을 조절할 수 있는 전원을 조합한다.

✔ 수요가 적은 날에는 잉여 전력을 이차전지에 저장해 두면, 수요가 많은 날이나 재난 시 등에 사용할 수 있다.

≫ 이산화탄소 배출량 제로를 향해!

세계 평균 기온 상승을 1.5도 이내로!

최근 미디어 등에서 자주 접하게 되는 **탄소 중립**^{Carbon Neutrality}은 기후변화에 관한 정부 간 협의체(IPCC)가 2018년에 발표한 'IPCC 1.5℃ 특별보고서'에서 시작됐습니다.

이 보고서에서 2016년 파리 협정의 장기 감축 목표에 따라 '산업혁명 이후 지구 평균 기온 상승을 **1.5도** 이내로 억제하기 위해선 2050년경까지 탄소 중립이 필요하다'고 제시된 것입니다. 이에 따라 120개 이상의 국가와 지역이 '2050년 탄소 중립'을 표명하고 있습니다.

탄소 중립이란?

세계 각국에서 목표로 하는 탄소 중립이란 이산화탄소(CO_2)뿐만 아니라 메탄(CH_4), 일산화질소(N_2O), 프레온 가스를 포함한 **온실 가스**의 "순 배출량을 전체적으로 0으로 만드는 것"을 의미합니다. 즉, **배출량에서 흡수량과 제거량을 차감한 총량을 제로로 만드는 것**을 목표로 하고 있습니다(그림 7-3). 어떻게 해도 줄일 수 없는 배출량은 예를 들어, 나무를 심고 숲을 조성해 광합성에 사용되는 대기 중 이산화탄소의 흡수량을 늘리는 방법 등으로 상쇄합니다.

수요의 전기화 × 전원의 저탄소화

한국 역시 '2050 탄소중립 추진전략'을 발표하고 50년까지 탄소 중립 달성 및 30년까지 온실가스 배출량 40% 감축이라는 목표를 설정하였습니다. 이 정도로 대폭적인 감축을 실현하려면 "**수요의 전기화(전기 이외의 에너지원으로 작동하는 기기를 전기로 작동하는 것으로 바꾸는 것) × 전원의 저탄소화(발전 방법을 이산화탄소 배출량이 적은 저탄소 방식으로 전환하는 것)**"와 같은 전략이 **필요**합니다 (그림 7-4).

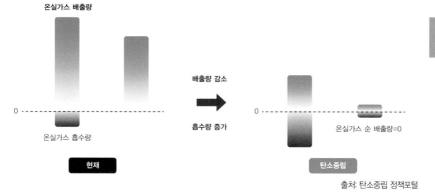

그림 7-3 탄소 중립이란

온실가스 배출량

0

온실가스 흡수량

현재

배출량 감소

흡수량 증가

0

온실가스 순 배출량=0

탄소중립

출처: 탄소중립 정책포털

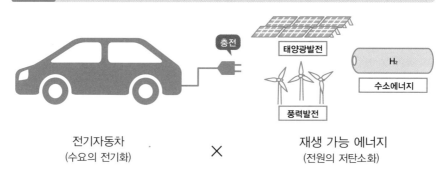

그림 7-4 수요의 전기화 × 전원의 저탄소화의 구체적 사례

충전

태양광발전

풍력발전

H₂

수소에너지

전기자동차
(수요의 전기화)

×

재생 가능 에너지
(전원의 저탄소화)

Point

✔ 기후 변화에 관한 정부 간 협의체(IPCC)는 2018년 보고서에서 "산업혁명 이후 평균 기온 상승을 1.5도 이내로 억제하기 위해서는 2050년경까지 탄소중립이 필요하다" 고 발표했다.

✔ 한국 정부가 목표로 하는 탄소중립은 온실가스 배출을 전체적으로 순 제로로 만드 는 것을 의미한다.

✔ 탄소중립 실현을 위해서는 '수요의 전기화 × 전원의 저탄소화'와 같은 전략이 필요 하다.

» 에너지 구조를 바꾸는 전기차

빠르게 확산되고 있는 전기자동차 ////////////////////////////

에디슨이 전기자동차를 발명(3-10)하고 약 120년이 지난 지금, 한때는 잊혔던 **전기자동차**(EV) 보급이 빠르게 진행되고 있습니다. 이미 영국과 유럽, 인도에서는 2030년부터 가솔린-디젤차 판매 중단이 결정됐습니다. 미국에서도 일부 주에서는 2035년부터 판매 금지가 결정됐고, 다른 주들도 이를 따를 것으로 예상됩니다. 일본에서도 2035년 가솔린 차량의 신차 판매 종료가 확정됐으며, 특히 도쿄도 내에서는 승용차에 한해 가장 먼저 2030년부터 가솔린 차량 판매가 금지될 예정입니다.

전기자동차 보급의 의미 ////////////////////////////

전세계에서 전기자동차 보급이 빨라지는 이유는 무엇보다도 이들이 **이산화탄소를 배출하지 않기 때문**입니다. 또한, 차량용 이차전지를 충전하는 전원도 이산화탄소를 배출하지 않는 재생 가능 에너지를 사용한다면(**제로에미션 전원**), 자동차와 관련된 이산화탄소 배출을 완전히 없앨 수 있습니다.

한국의 경우 이산화탄소 배출량 중 자동차를 포함한 수송 부문이 18.2%를 차지하고 있어, 이는 큰 영향을 미칩니다(그림 7-5). 전기자동차는 에너지 자급률 문제를 해결하고 과도한 석유 의존을 타파하는 데 도움을 주며, 2050년 탄소 중립 실현을 촉진하고 **에너지 구조를 크게 변화시킬 것으로 기대할 수 있습니다.

이차전지로도 활용할 수 있는 전기자동차 ////////////////////////////

차량용 이차전지에 남는 전기를 저장해 두었다가 전력 부족 시나 재난 시 활용할 수 있습니다. 전기를 저장하는 역할만 하는 고가의 이차전지를 구입하기보다 이동수단의 전지로도 활용할 수 있어 비용을 절감할 수 있습니다(그림 7-6). 향후에는 가상발전소(7-4)나 수요반응(7-5)에 활용하는 것도 기대할 수 있습니다.

| 그림 7-5 | 수송 부문의 탄소 배출량 |

에너지 분야의 이산화탄소 배출량

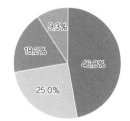

9.3%

18.2%

46.8%

25.0%

- 에너지산업 5억 4,270만 톤〈46.8%〉
- 제조업 및 건설업 2억 5,550만 톤〈25.0%〉
- 수송 1억 3,680만 톤〈18.2%〉
- 기타 및 미분류 5,090만 톤〈9.3%〉

수송 부분의 이산화탄소 배출량

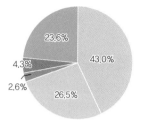

23.6%

43.0%

4.3%

2.6%

26.5%

- 승용일반형 3,626만톤〈43.0%〉
- 승용다목적형 2,233만 톤〈26.5%〉
- 이륜차 216만 톤〈2.6%〉
- 승합차 358만 톤〈4.3%〉
- 화물차 1,990만톤〈23.6%〉

데이터 출처: 온실가스종합정보센터, 국가통계포털을 바탕으로 작성

| 그림 7-6 | 전기자동차의 장점 |

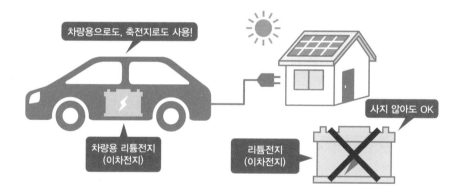

차량용으로도, 축전지로도 사용!

차량용 리튬전지
(이차전지)

리튬전지
(이차전지)

사지 않아도 OK

Point

✔ 영국을 포함한 유럽과 인도에서는 2030년, 미국 일부 주에서는 2035년에 가솔린
과 디젤, 일본에서는 2035년 가솔린 신차 판매 종료를 결정했다.

✔ 전기자동차에 재생 가능 에너지로 충전한 이차전지를 탑재하면 이산화탄소 배출
량 감소에 큰 영향을 미칠 것으로 기대할 수 있다.

✔ 차량용 이차전지를 활용하면 고가의 이차전지를 따로 구입하는 것보다 적은 비용
으로 전기를 저장할 수 있다.

≫ 발전소가 가상화된다!?

전력발전 시스템의 분산

지금까지는 발전소 등의 전력설비에서 주택이나 사무실 등의 수요자(소비자)에게 전기를 공급하는 형태였습니다. 그러나 최근에는 태양광 발전이나 연료전지 등의 소규모 발전 설비가 주택이나 사무실 등에 설치되기 시작했습니다(그림 7-7). 또한 이차전지나 전기자동차, 히트펌프* 등도 보급되기 시작했습니다. 지금까지 전기를 소비하는 데 그쳤던 수요자가 스스로 전기를 만들고 전기에너지를 축적하는 시대가 도래한 것입니다.

모두가 전력을 공유한다

주택이나 사무실로 분산되어 있는 발전 설비를 묶어 하나의 발전소처럼 이용하는 방식을 **가상발전소**(VPP: Virtual Power Plant)라고 합니다. 예를 들어, 태양광 발전이나 풍력 발전과 같은 재생 가능 에너지는 날씨에 따라 발전량이 변동되어 수요와 공급의 균형이 깨질 수 있습니다. 이때 다른 재생 가능 에너지 발전기나 이차전지에서 전력에너지를 IoT 기술**로 원격으로 조정하면, 전기를 낭비하지 않고 사용할 수 있습니다

전력 수요와 공급을 관장하는 사령탑

가상발전소에서는 전력 공급자와 수요자 간의 전체 균형을 컨트롤하는 **애그리게이터**라고 불리는 특정 도매 공급 사업자가 사령탑 역할을 담당하게 됩니다(그림 7-8). 애그리게이터는 수요반응(7-5)에서도 **수요자를 묶어 전력회사와 연결해 조정하고 남는 전력을 전력시장에서 거래**하기 때문에 새로운 비즈니스로 주목받고 있습니다.

---

* 히트펌프: 대기 중의 열 등을 모아 큰 열에너지로 활용할 수 있는 장치. 냉난방 등에 이용된다.
** IoT기술: 모든 기기가 인터넷에 연결되어 통신을 이용해 서비스를 이용하는 사물 인터넷을 말한다.

그림 7-7 수요자에 의한 소규모 발전 이미지

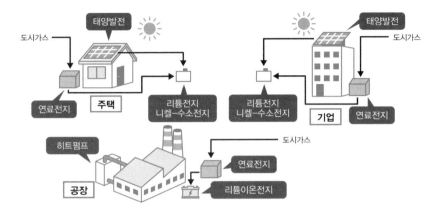

그림 7-8 가상발전소(VPP)와 애그리게이터

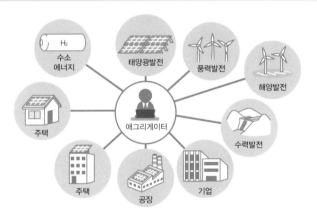

Point

✔ 새로운 전지 설치와 기술 수급 보급 등으로 전기를 사용하는 수요자가 직접 전기를 만들고 전기에너지를 저장하게 되었다.

✔ 주택이나 사무실에 분산되어 있는 발전 설비를 하나로 묶어 하나의 발전소처럼 이용하려는 시스템을 가상발전소라고 한다.

✔ 가상발전소에서는 전력 공급자와 수요자 사이에서 전체 균형을 조절하는 애그리게이터가 사령탑 역할을 담당한다.

≫ 재생 가능 에너지의 과제를 해결하는 네가와트 거래

재생 가능 에너지의 과제

전력 발전 시스템이 분산되는 변화 속에서 탄소 중립을 실현하기 위한 흐름이 가속화되고 있습니다. 이에 따라 재생 가능 에너지 도입이 중요해졌습니다.

하지만 문제는 바로 재생 가능 에너지의 변동성에 있습니다. 태양광 발전이나 풍력 발전 등은 날씨와 계절, 시간대 등에 따라 발전량이 크게 달라집니다. 따라서 **날씨와 발전량에 맞춰 세심한 수급 조절**이 필요합니다.

전기를 사용하는 수요자(소비자)가 조정?

여기서 주목해야 할 것은 수요자가 사용하는 양과 시간 등을 조정함으로써 전력 수요 패턴을 변화시키는 **수요반응**(DR: Demand Response)입니다. 예를 들어, 전력은 냉방, 난방, 조명 등의 사용이 많아지는 낮 시간대나 태양광 발전량이 적은 저녁 시간대 등 수요가 급증하기 쉬운 시간대에 수요자가 전기 사용량을 줄이면 수요량이 억제되는 '수요감축 DR'을 할 수 있습니다. 반대로 봄이나 가을 낮과 같이 태양광이 많이 발전하고 수요가 상대적으로 적어 전력이 남을 것 같은 시기에는 전지를 충전하는 등의 '수요증대 DR'을 할 수 있습니다(그림 7-9).

전기요금형과 인센티브형

지금까지는 피크 시간대에 전기 요금을 인상하여 수요자가 전력 수요를 억제하도록 유도해 왔습니다(**전기요금형**). 그런데 인센티브형 수요반응(**네가와트**Negawatt **거래**) 시스템에서는 피크 시간대 등에 절전할 것을 사전에 전력 회사와 약속하고 의뢰에 따라 절전한 경우 대가를 받을 수 있습니다(그림 7-10).

이 네가와트 거래는 개인 소규모 수요자에게는 어려운 것으로 여겨졌지만, 탄소 중립 달성을 위해서도 보급이 기대되고 있습니다.

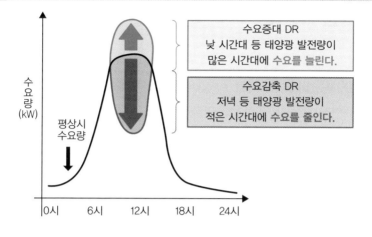

그림 7-9 수요감축 DR과 수요증대 DR

수요량 (kW)

평상시 수요량

수요증대 DR
낮 시간대 등 태양광 발전량이 많은 시간대에 수요를 늘린다.

수요감축 DR
저녁 등 태양광 발전량이 적은 시간대에 수요를 줄인다.

0시　6시　12시　18시　24시

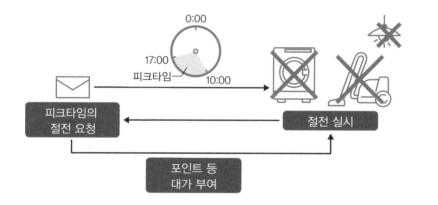

그림 7-10 네가와트 거래

0:00

17:00
피크타임 10:00

피크타임의 절전 요청

절전 실시

포인트 등 대가 부여

Point

✔ 재생 가능 에너지 도입이 진행되고 있지만, 날씨나 계절, 시간대 등에 따라 발전량 이 변화하는 것이 해결 과제다.

✔ 전기를 사용하는 수요자가 사용하는 양과 시간 등을 조정하여 전력 수요 패턴을 변 화시키는 것을 수요반응(DR)이라고 한다.

✔ 전력회사의 요청에 따라 전기를 절약하고 대가를 받는 네가와트 거래는 탄소 중립 을 달성하기 위해서도 필요하다.

» 리튬이온전지의 재활용 사업

전지 재활용은 비즈니스 기회

리튬이온전지는 원재료에 유용한 금속을 포함하고 있습니다(그림 7-11). 향후 수요가 더욱 확대되면, 자원 고갈 문제와 가격 상승에 의해 장기적으로 원재료 확보가 우려됩니다. 따라서 다 사용한 리튬이온전지에서 희소금속을 재활용하는 **리사이클**은 **원재료의 안정적 확보 및 친환경 순환사회 실현**과 함께 새로운 비즈니스 기회로 이어질 수 있습니다.

재활용하기 어려운 소형 리튬이온전지

배출 협력업체 등에서 회수한 다 쓴 소형 리튬이온전지를 재활용할 때는 소각하여 산에 녹인 후 용매 추출, 전해 공정 등을 거쳐 코발트와 니켈을 따로 분리합니다. 하지만 리튬은 처리 과정이 복잡하고 비용이 많이 들어 **슬래그**(정련 폐기물)로 처리되는 경우가 많습니다.

차량용 전지 재사용 및 재활용

하이브리드차에 탑재된 니켈-수소전지의 경우, 자동차 회사에서 전지를 회수하여 소재 업체와 재활용 사업을 진행하는 방식이 정착되어 있습니다. 마찬가지로 차량용 리튬이온전지 회수도 자동차 업계가 중심이 되어 진행하고 있습니다. 차량용 리튬이온전지는 일반적으로 전지 용량이 처음보다 20~30% 정도 저하된 시점에 수명이 다한 것으로 간주되며, 전지 자체를 재사용하는 **리유즈**가 선행됩니다.

최신 차량용 리튬이온전지 재활용 기술에선 사용한 리튬이온전지를 소각하지 않고 분해하여, 양극재에서 니켈과 코발트를 수소저장합금의 원료가 되는 합금으로 추출하는 방법이 확립됐습니다(그림 7-12). 다만 이 방법으로도 리튬 회수는 비용 문제로 여전히 어려운 상태입니다.

그림 7-11 소형 이차전지의 재자원화 공정

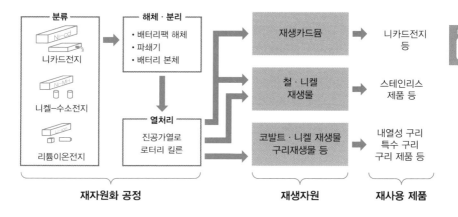

그림 7-12 차량용 리튬이온전지 재활용 방법

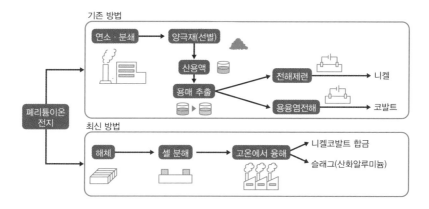

Point

✔ 리튬이온전지에 포함된 희소 금속을 재활용하는 것은 새로운 비즈니스 기회이기도 하다.

✔ 소형 리튬이온전지에서 코발트와 니켈은 회수되지만, 리튬은 비용이 많이 들어 슬래그로 만드는 경우가 많다.

✔ 차량용 리튬이온전지의 양극재에서 니켈과 코발트를 수소저장합금의 원료가 되는 합금으로 추출하는 방법이 확립됐다.

4장 '해보자'에서 계산한 충전하고 싶은 가전제품의 전력을 바탕으로 베란다 발전에 필요한 태양전지와 배터리를 선택해 봅시다. 그리고 실제로 베란다에 태양전지를 설치하고 충전해 봅시다.

❶ 충전하고 싶은 전력량과 예산 및 설치 공간을 고려해 태양전지와 배터리를 결정하세요.

> 예) 베란다가 좁기 때문에 전지는 1개, 재해 시를 대비하면 배터리는 용량이 큰 것이 이상적
> → 100W 태양전지 1개, 720Wh 배터리 선택
> 하루 재택근무에 사용하는 전력량은 180Wh이므로, 720Wh의 배터리라면 4일간 쓸 수 있다
> 재해 시에는 80W의 석유 팬히터를 9시간 사용 가능

❷ 태양전지로 배터리를 완충하는 데 얼마나 시간이 걸리나요?

> 예) 한국의 하루 일조시간은 연간 평균 6시간. 100W 태양전지의 하루 평균 발전량은 100W×6시간
> =600Wh이므로 720Wh의 배터리를 완충하려면 1~2일이 걸린다.

❸ 태양전지 설치 장소와 발전량의 관계는 어떻게 될까요? 설치 장소나 패널의 각도를 바꿔 같은 시간 동안 발전량을 비교해 봅시다.

> 예) 설치 장소가 그늘이면 발전량이 적어진다.

용어 설명

* '➡' 뒤의 숫자는 관련된 본문의 절

Battery

NAS전지 (➡ 3-16)

전해질로 고체 전해질 β–알루미나를 고온에서 용융염으로 사용한 용융염 이차전지이며 열전지의 일종.

Ni–H₂전지 (➡ 3-15)

초기의 '니켈–수소전지'로, 전지 자체를 압력용기 안에 넣고 고압 수소가스를 충전한 이차전지.

가스너건전지 (➡ 1-11)

전해액에 석고 분말을 혼합하여 페이스트 상태로 만들어 르클랑셰전지의 누액 문제를 해결한 공식적인 세계 최초의 건전지.

감극제 (➡ 2-3)

전지의 반응을 저해하는 수소이온을 흡수하여 전압 강하를 일으키는 분극을 방지하는 역할을 하는 물질.

건전지 (➡ 1-3)

액체가 적은 마른 전지라는 뜻으로 전해액을 젤 상태로 만들어 고체에 스며들게 함으로써 누액 등의 문제를 없앤 전지. 가장 역사가 오래됐고 널리 보급된 전지이다.

고체고분자전해질형 연료전지(PEMFC) (➡ 5-9)

고체폴리머를 전해질로 사용하는 연료전지. 소용량에서도 발전 효율이 높아 가정용부터 자동차용까지 다양한 분야에서 실용화할 수 있다.

고체산화물형 연료전지(SOFC) (➡ 5-8)

고온에서 산소이온을 통과시키는 세라믹스의 일종을 전해질로 사용하는 연료전지. 도시가스 등의 배출열 이용으로 실용화가 진행되고 있다.

공칭 전압 (➡ 2-2)

규정에 따라 전지 종류별로 정해진, 정상 상태에서 사용했을 때 단자 간 전압의 기준.

공핍층 (➡ 6-4)

두 종류의 반도체 접합 부분에서 음전하인 전자와 양전하인 정공이 서로 끌어당겨 전기적으로 중화되어 전하가 소멸하고 존재하지 않는 영역.

과방전 (➡ 3-3)

이차전지의 방전 반응이 끝난 후에도 계속 방전 반응을 지속하는 것. 전지 수명이 감소할 수 있다.

과충전 (➡ 3-6)

이차전지의 충전 반응이 끝난 후에도 계속 충전 반응을 지속하는 것. 수소나 산소가스 등의 발생으로 누액, 파열, 폭발 등의 위험이 있다.

나트륨이온전지 (➡ 4-19)

리튬과 유사한 성질을 가지고 있으며, 저렴하고 지구상에 풍부하게 존재하는 나트륨을 이용해 연구 개발 중인 이차전지.

납축전지 (➡ 3-3)

저렴하고 유지보수가 간편하며 메모리 효과도 없어, 발명된 지 160년 이상 지난 현재까지도 자동차 전지 등에 사용되는 이차전지.

니오브–리튬 이차전지 (➡ 4-15)

음극에 리튬–알루미늄 합금, 양극에 오산화니오브를 사용한 동전형 리튬 이차전지.

니카드전지 (➡ 3-7)

에너지 밀도가 높아 소형 전기제품 등에 많이 사용되던 이차전지. 인체에 유해한 카드뮴이 포함되어 있어 현재는 많이 생산되지 않는다.

니켈건전지 (➡ 2-17)

알칼리건전지의 양극을 옥시수산화니켈로 개량한 건전지. 발매 후 발열이나 작동 불량, 고장 등의 결함이 발생하여 생산이 중단됐다.

니켈계(NCA계) 리튬이온전지 (➡ 4-11)

양극에 니켈계로 불리는 '니켈-코발트-알루미늄 복합산화물'을 사용한 리튬이온전지.

니켈-수소전지 (➡ 3-13)

음극에 수소저장합금을 사용한 알칼리계 이차전지. 니카드전지보다 전기 용량이 2배 높고 유해한 카드뮴을 포함하지 않아 노트북이나 음향기기에 많이 사용됐지만, 현재는 리튬이온전지로 대체되고 있다.

니켈-아연전지 (➡ 3-11)

저렴한 아연을 사용하여 에너지 밀도가 높은 알칼리계 이차전지. 아연의 덴드라이트 현상 때문에 전압이 없어질 때까지 가능한 충방전 횟수(사이클 수명)가 짧아 보급되지 못했다.

니켈-철전지(에디슨 전지) (➡ 3-10)

에디슨이 전기자동차의 전원으로 특허를 취득한, 인체에 유해한 카드뮴을 포함하지 않는 이차전지. 자가 방전이나 수소가스 발생 등의 문제가 있다.

다가이온전지 (➡ 4-20)

마그네슘이나 칼슘, 아연, 알루미늄과 같은 다가이온을 이용한 이차전지. 현재 시점에서 전극으로 사용하여 충전 가능한 금속이온은 아직 발견되지 않았다.

다니엘전지 (➡ 1-9)

세계 최초의 실용적인 화학전지. 볼타전지와 마찬가지로 음극에 아연, 양극에 구리를 사용했지만, 전해액은 음극과 양극에 각각 황산아연 용액, 황산구리 용액으로 다른 종류를 사용했고, 이들 전해액을 세라믹 용기의 분리막으로 분리했다.

덴드라이트 (➡ 3-12)

아연, 철, 망간, 알루미늄 등의 금속 전극을 사용한 이차전지가 충전 시 금속으로 돌아가 석출될 때 생성되는 수지상 결정. 충전과 방전을 반복함에 따라 성장하여 단락을 일으키며 발화나 폭발로 이어질 수 있다.

레독스흐름전지 (➡ 3-19)

전해질에 양극과 음극 활물질을 용해시켜 외부 펌프로 공급하고, 산화환원반응에 의해 전기를 생성하는 흐름전지(전해질 순환형 전지)의 일종. 대규모 장치 전지지만, 안전성이 높고, 설비의 열화도 적으며, 자가 방전도 거의 없다.

르클랑셰전지 (➡ 1-10)

망간건전지의 원형이 된 전지. 음극은 아연, 양극은 다공질 용기에 이산화망간 분말을 채워 탄소 막대를 꽂고, 전해액으로는 염화암모늄을 사용한다.

리저브전지 (➡ 2-21)

전지 내부의 양극과 음극이 전기적으로 절연된 상태로 설계되어 있어, 미사용 상태로 장기간 보관할 수 있는 전지.

리튬-공기 이차전지 (➡ 4-17)

일차전지인 아연-공기전지의 원리를 응용하여, 아연 대신 리튬금속을 사용하여 충전할 수 있도록 연구 개발 중인 리튬금속전지.

리튬망간산화물전지(LMO) (➡ 4-8)

양극에 리튬망간산화물을 사용한 리튬이온전지. 결정 구조가 스피넬형으로, 열 안정성이 높다.

리튬인산철전지 (➡ 4-9)

양극에 리튬인산철을 사용한 리튬이온전지. 망간계 전지처럼 발화 원인이 되는 산소가 방출되지 않아, 안전성이 높고 저렴하다.

리튬이온전지(LIB) (➡ 4-1)

전극에 덴드라이트를 생성하여 안전 문제를 일으키는 리튬금속을 사용하지 않고, 음극에 리튬이온, 양극에 리튬이온을 흡수하는 재료를 전극으로 활용한 이차전지.

리튬이온 커패시터 (➡ 4-21)

전기 이중층 커패시터와 리튬이온전지를 결합한 이차전지. 음극에서는 리튬이온의 인터칼레이션, 양극에서는 전기 이중층의 형성에 의해 충방전이 이루어진다.

리튬이온 폴리머전지 (➡ 4-12)

형상이 래미네이트형인 리튬이온전지. 안전성이 높아 일부 전기자동차에 탑재되고 있지만, 제조 비용이 비싸다.

리튬일차전지 (➡ 2-11)

음극에 리튬금속을 사용한 일차전지의 총칭. 고전압으로 에너지 밀도가 높고 자가 방전을 일으키지 않아 장기 보관에도 우수하며 사용 온도 범위도 넓어 가혹한 환경에 대응할 수 있다.

리튬코발트산화물전지(LCO) (➡ 4-3)

음극 활물질에 흑연, 양극에 리튬코발트산화물을 사용하며, 현재 가장 많이 사용되는 리튬이온전지.

리튬티탄산화물전지(LTO) (➡ 4-13)

음극에 리튬티탄산화물을 사용한 리튬이온전지의 종류. 대표적인 것으로 양극에 리튬망간산화물을 사용한 SCiB가 있다.

리튬-황전지 (➡ 4-18)

양극 활물질에 저렴한 황 화합물을 사용한 리튬금속지로 현재도 연구 개발이 계속되고 있다.

마그네슘 주수전지 (➡ 2-20)

음극에 마그네슘 또는 마그네슘 합금을 사용한 전지. 대부분 해수전지이며 해상 및 수중에서 작동하는 장비의 전원으로 사용된다.

망간건전지 (➡ 2-3)

르클랑셰전지의 누액을 개량한 건전지. 음극에 아연, 양극에 이산화망간, 집전체에 탄소 막대, 전해질에 염화아연을 사용하며, 이산화망간은 수소이온을 흡수하여 분극을 방지하는 감극제 역할도 한다.

메모리 효과 (➡ 3-9)

전지 용량이 남은 상태로 충전을 반복하면, 아무리 충전해도 방전 중 전압이 감소해 버리는 현상.

모듈형 전지 (➡ 3-17)

셀(단전지)을 여러 개 연결한 대용량 전지. 다수의 모듈 전지를 채운 유닛을 나열하면 대형 NAS전지 시스템이 된다.

물리전지 (➡ 1-2)

빛이나 열 등 물리에너지로부터 전기를 만드는 전지.

물전지 (➡ 2-19)

물을 주입하면 양극의 발전 물질이 물을 흡수하고, 이 물 자체가 전해질이 되어 방전이 시작되는 주수전지의 일종. 개봉하지 않은 상태로 20년 장기 보관할 수 있어 방재 용품으로 판매되고 있다.

바그다드전지 (➡ 1-5)

바그다드 교외의 유적에서 발견된 파르티아 시대의 토기 항아리. 구리로 만든 통에 철봉이 꽂혀 있으며, 와인의 부패로 생긴 초산이나 식염수를 넣어 전지로 사용된 것으로 추정됐다.

바나듐-리튬 이차전지 (➡ 4-15)

음극에 리튬-알루미늄 합금, 양극에 오산화바나듐을 사용한 동전형 리튬 이차전지.

바이오 연료전지 (➡ 5-11)

미생물 또는 효소를 이용한 연료전지. 고가의 재료가 필요 없고, 실온에서 작동이 가능하며, 환경을 오염시키지 않는다.

반도체 (➡ 6-3)

도체와 절연체의 중간 성질을 가진 소재. 외부에서 빛이나 열 등의 에너지를 가하면 전기가 흐르게 되는 성질이 있어, 태양전지를 구성하는 대부분을 차지한다.

볼타전지 (➡ 1-6)

볼타 전퇴를 개량하여 아연과 구리 두 종류의 금속과 묽은 황산을 사용한, 세계 최초의 화학전지. 이탈리아의 물리학자 볼타에 의해 발명됐다.

볼타 전퇴 (➡ 1-5)

서로 다른 2종류의 금속을 소금물에 접촉시키면 전기가 흐르는 것을 응용하여, 아연과 구리 사이에 소금물에 적신 스펀지 같은 물질을 끼운 것을 여러 층 쌓아 만든 전지의 원형.

불화흑연-리튬전지 (➡ 2-13)

양극에 불화흑연을 사용한 리튬일차전지. 내열성이 높아 자동차 장비 등에 사용된다.

산화구리-리튬전지 (➡ 2-16)

양극에 산화구리를 사용한 1.5V의 리튬일차전지. 산화은전지의 대체품으로 개발됐으나 성능에 문제가 있어 현재는 생산이 중단됐다.

산화은전지 (➡ 2-9)

방전 전압이 장시간 일정하고 수명이 길며 작동 온도 범위가 넓어 손목시계, 계산기 등에 많이 사용됐다. 양극의 은 가격 폭등에 따른 원가 상승과 전기 용량 부족 등으로 다른 전지로 대체됐다.

삼원계(NCM계, NMC계) 리튬이온전지 (➡ 4-10)

양극에 삼원계라고 불리는 '니켈-코발트-망간 복합산화물'을 사용한 리튬이온전지. 삼원계 결정은 층상암염 구조이지만, 원소 비율에 따라 안정화되어 변형이 잘 일어나지 않는 구조를 얻을 수 있다.

생물전지(바이오 전지) (➡ 1-2)

효소나 엽록소 등의 생체 촉매나 미생물의 산화환원 반응 등 생화학 반응을 이용해 전기를 만드는 전지.

설페이션 현상 (➡ 3-4)

납축전지의 전극이 방전 시 형성된 흰색의 딱딱한 결정으로 덮여버리는 현상. 장시간 방치 등으로 인해 전지 반응이 일어나지 않고 '전지가 다 된' 열화 상태가 된다.

쇼트서킷(내부 단락) (➡ 2-1)

전자의 이동이 외부 회로가 아닌 전해질 속에서 이루어지는 것. 전지의 발열, 발화 등의 원인이 된다.

수은전지 (➡ 2-8)

산화수은 전지라고도 하며, 방전 전압이 장시간 일정하고 수명이 길어 특히 단추형 전지가 보청기용으로 많이 사용됐다.

스파이럴 구조 (➡ 2-12)

양극의 시트형 이산화망간과 음극의 시트형 리튬금속을 분리막을 사이에 두고 나선형으로 만든 구조. 전극의 접촉 면적이 커서 대전류가 필요한 기기에 사용된다.

습전지 (➡ 1-3)

전해액을 액체 상태로 사용하는 습식 전지. 사용 방법과 휴대가 제한적이라 현재는 거의 생산되지 않는다.

아니온 교환형 (➡ 5-5)

방전 시 수산화물이온이 전해질 내에서 공기극에서 연료극으로 이동하는 반응을 일으키는 연료전지. 탄산이온이나 산소이온이 이동하는 것도 있다.

아연-공기 이차전지 (➡ 3-23)

일차전지 중에서 가장 높은 전기 밀도를 가진 아연-공기전지를 충전할 수 있게 만든 이차전지. 앞으로 실용화가 기대된다.

아연-공기전지 (➡ 2-10)

양극에서 공기 중의 산소가 환원되므로 사용 시 전극의 공기 구멍의 씰을 제거하고 사용한다. 방전 전압이 장시간 일정하며 일차전지 중에서 에너지 밀도가 가장 높지만, 저온에서 사용할 수 없기 때문에 현재는 단추형이 보청기 등에만 사용되고 있다.

아연-할로겐전지 (➡ 3-22)

음극에 아연, 양극에 브롬이나 염소 등 할로겐 원소를 사용한 이차전지. 아연의 덴드라이트와 자가 방전 문제가 있어 과거에 여러 차례 실용화를 시도했지만, 성공에 이르지 못했다.

알칼리건전지 (➡ 2-4)

현재 가장 많이 보급된 일차전지로, 정식 명칭은 알칼리망간전지다. 망간전지와 비슷하고 음극과 양극 그리고 공칭 전압도 같지만, 망간전지보다 전기 용량이 2배 정도 크고 수명이 더 길다.

알칼리형 연료전지(AFC) (➡ 5-5)

전해질에 수산화칼륨 등 강알칼리성 전해액을 사용한 가장 오래된 역사를 가진 연료전지. 주로 우주 공간에서 활약했다.

야이건전지 (➡ 1-11)

전해액을 종이에 적시고 파라핀으로 탄소 막대를 감싸 르클랑셰전지의 누액 문제를 해결한 건전지. 야이 사키조가 가스너보다 먼저 발명했지만, 특허를 취득하지 못했다.

에너지 밀도 (➡ 2-2)

부피당 또는 무게당 전지의 공칭 전압(V)과 전기 용량(Ah)을 곱한 값이다. 에너지 밀도가 높을수록 부피 또는 무게가 작고 더 큰 에너지를 뽑아낼 수 있다는 것을 의미한다.

연료전지 (➡ 5-1)

전극에 수소와 산소를 주입해, 서로 다른 장소에서 화학 반응을 일으켜서 지속적으로 전기를 생성하는 발전 장치와 같은 전지. 전기 외의 생성물은 물뿐이므로 깨끗하고 안전한 에너지원이다.

열기전력전지 (➡ 6-6)

두 종류의 금속이나 반도체 양 끝을 연결하고 온도 차를 주면 전류가 흐르는 제벡 효과를 이용해 전기를 만드는 물리전지의 일종.

염화티오닐-리튬전지 (➡ 2-14)

양극에 염화티오닐을 사용한 리튬일차전지. 공칭 전압이 3.6V로 가장 높고, 넓은 사용 온도 범위에서 10년 이상 사용이 가능하다.

옥시라이드 건전지 (➡ 2-18)

알칼리건전지의 양극을 옥시수소화니켈과 이산화망간, 흑연의 혼합물로 대체하여 개량한 건전지. 높은 초기 전압으로 인해 사용할 수 없는 기기가 나타났고 생산이 중단됐다.

요오드-리튬전지 (➡ 2-15)

양극에 요오드를 사용한 리튬일차전지. 높은 안전성으로 인공심박조율기에 사용된다.

용융염전지 (➡ 2-21)

사용 시 전지 내부의 발열체로부터 얻은 열로 전해질을 녹여서 큰 전류를 흐르게 하는 일차전지. 열을 이용하므로 열전지라고 불리기도 한다.

용융탄산염형 연료전지(MCFC) (➡ 5-7)

고온에서 액체가 되어 높은 이온 전도율을 나타내는 탄산염을 전해질로 사용하는 연료전지. 작동 온도 600~700도의 고온에서 반응하므로 연료에 제한이 없고, 설계를 단순화할 수 있어 대규모 발전에 적합하다.

원자력전지 (➡ 6-7)

방사성 물질이 붕괴할 때 발생하는 열을 이용하여 전기를 만드는 물리전지의 일종. 장기간 안정적으로 에너지를 공급할 수 있다.

이산화망간-리튬 이차전지 (➡ 4-14)

음극에 리튬-알루미늄 합금, 양극에 이산화망간을 사용한 리튬 이차전지. 소용량 동전형 전지만 상품화되어 있다.

이산화망간-리튬전지 (➡ 2-12)

양극에 이산화망간을 사용한 리튬일차전지. 리튬일차전지 중 가장 많이 사용되며, 공칭 전압이 3V로 높고 실온에서도 약 10년간 보관할 수 있다.

이온화 경향 (➡ 1-7)

금속마다 양이온이 되려고 하는 강도를 말한다.

이차전지 (➡ 3-1)

여러 번 충전과 방전을 반복할 수 있는 화학전지. 발명된 19세기에는 충전할 때 사용하는 전지를 일차전지, 충전되는 전지를 이차전지라고 불렀다. 축전지라고도 한다.

인사이드아웃 구조 (➡ 2-12)

양극 물질이 음극 물질을 감싸고 있는 구조. 전지 내부에 많은 물질을 저장할 수 있어 전기 용량이 크고 장시간 사용할 수 있다.

인산형 연료전지(PAFC) (➡ 5-6)

산성인 인산을 전해질로 사용하는 연료전지. 촉매로 고가의 백금을 사용하며, 작동 온도가 약 200도에 이르지만, 도시가스 등의 배출열을 효과적으로 활용할 수 있어 실용화가 진행되고 있다.

인터칼레이션 반응 (➡ 4-2)

결정을 구성하는 격자의 틈새에 원자나 이온이 흡수, 이탈하는 현상. 흑연의 경우 기본적인 결정 구조에는 변화가 없다.

일차전지 (➡ 1-3)

일회용 화학전지를 말한다. 전지의 화학 반응이 비가역적이라 충전할 수 없고 방전만 1회 가능하다.

자가 방전 (➡ 2-5)

사용하지 않고 방치한 전지가 활물질과 전해질 사이 또는 양극의 활물질이 전해질을 통해 반응하여 전기 용량이 저하되는 현상.

전고체전지 (➡ 4-16)

전지를 구성하는 재료가 모두 고체인 이차전지로, 리튬이온전지를 개량한 것이다. 전기자동차 보급의 열쇠를 쥐고 있다고 여겨진다.

전기 이중층 커패시터(EDLC) (➡ 6-8)

전극과 전해질의 계면에 유전분극에 의해 생긴 전기 이중층에 전기를 저장하여 필요할 때 전지로 이용하는 물리 이차전지의 일종.

전해질 (➡ 2-1)

전기가 통하는 액체 또는 고체를 말한다. 전지의 산화환원반응에 필요한 이온을 음극과 양극 사이에서 전달한다. 전자는 통과시키지 않는 절연성이 있어 발열, 발화의 원인이 되는 단락을 방지한다.

주수전지 (➡ 2-19)

물이나 해수 등 수분을 주입하여 사용하는 전지. 주입한 수분이 전해질이 되어 방전이 시작되므로 미개봉 상태라면 장기간 보관할 수 있다.

직접 메탄올 연료전지(DMFC) (➡ 5-10)

고체고분자전해질형 연료전지의 수소를 메탄올로 대체한 것이다. 수소이온이 전해질 속을 이동하면서 이산화탄소와 물을 생성하는데, 다른 연료전지와는 상이한 반응을 보인다.

집전체 (➡ 2-1)

전지 반응에는 관계하지 않고 반응에 의해 얻어진 전자를 모으기 위한 전지 구성 물질. 전자를 잘 유도하는 물질이 사용된다.

층상구조 (➡ 4-2)

흑연 등과 같이 원자가 규칙적으로 배열되어 판상 결정체가 쌓여 있는 결정 구조. 그 층 내의 판상 면과 면 사이에 약한 결합이 있어 여기에 리튬이온이 들어가거나 방출될 수 있다.

카티온 교환형 (➡ 5-2)

방전 시 수소이온이 전해질을 통해 연료극(음극)에서 공기극(양극)으로 이동하는 반응을 일으키는 연료전지.

콘덴서 (➡ 6-8)

전기가 통하는 두 개의 금속판 사이에 전기가 통하지 않는 절연체를 끼운 구조로, 전기를 저장하거나 방출하는 기능을 가지며 많은 전자기기에 내장되어 있다.

크로스오버 현상 (➡ 5-10)

연료전지의 화학 반응에서 연료가 전해질 고분자막을 통과하여 반대쪽 전극으로 이동하는 것. 그로 인해 일부가 반응하여 전압이 낮아지는 문제가 발생한다.

태양전지 (➡ 6-1)

태양 등의 빛이 물질에 닿으면 전자가 발생하는 광기전력을 이용해 전기를 만드는 물리전지의 일종.

페로브스카이트 태양전지 (➡ 6-5)

염료감응형 태양전지의 일종으로 높은 변환 효율을 보이며, 매우 저렴하고, 얇고 가벼우며, 구부릴 수 있어 설치 장소를 가리지 않는다. 차세대 태양전지로서 전 세계에서 주목받고 있다.

표준전극전위 (➡ 2-2)

금속의 이온화 경향을 표준 상태(1기압 25도)의 수소의 전위를 기준으로 수치화한 것.

해수전지 (➡ 2-20)

해수를 주입하거나 담가서 양극의 발전 물질을 흡수하고 해수가 전해질이 되어 방전하는 전지.

화학전지 (➡ 1-2)

화학 반응으로 전기를 만드는 전지. 일회용인지 반복 사용 가능한지에 따라 세 종류로 분류할 수 있다.

황화철-리튬전지 (➡ 2-16)

양극에 이황화철을 사용한 1.5V의 리튬일차전지. 알칼리 건전지의 약 7배의 수명을 가지며, 무게는 2/3 수준이고, -40도에서 60도까지의 넓은 온도 범위에서 사용할 수 있다.

흔들의자형 전지 (➡ 4-4)

리튬이온전지처럼 이온의 왕복으로 충방전하는 전지를 "흔들의자"의 움직임에 비유한 전지의 명칭이다.

YoungJin.com **Y.**
영진닷컴

그림으로 배우는
배터리

1판 1쇄 발행 2025년 3월 14일

저   자   나카무라 노부코
역   자   김성훈
발 행 인   김길수
발 행 처   (주)영진닷컴
주   소   (우)08512 서울특별시 금천구 디지털로9길
            32 갑을그레이트밸리 B동 1001호
등   록   2007. 4. 27. 제16-4189호

ISBN 978-89-314-7880-8

http://www.youngjin.com

'그림으로 배우는' 시리즈

"그림으로 배우는" 시리즈는 다양한 그림과 자세한 설명으로
쉽게 배울 수 있는 IT 입문서 시리즈 입니다.

그림으로 배우는
C++ 프로그래밍
2nd Edition

Mana Takahashi 저
592쪽 | 18,000원

그림으로 배우는
프로그래밍 구조

마스이 토시카츠 저
240쪽 | 16,000원

그림으로 배우는
서버 구조

니시무라 야스히로 저
240쪽 | 16,000원

그림으로 배우는
C#

다카하시 마나 저
496쪽 | 18,000원

그림으로 배우는
데이터베이스

사카가미 코오다이 저
236쪽 | 16,000원

그림으로 배우는
웹 구조

니시무라 야스히로 저
240쪽 | 16,000원

그림으로 배우는
클라우드 2nd Edition

하야시 마사유키 저
192쪽 | 16,000원

그림으로 배우는
네트워크 원리

Gene 저
224쪽 | 16,000원

그림으로 배우는
보안 구조

마스이 토시카츠 저
208쪽 | 16,000원

그림으로 배우는
SQL 입문

사카시타 유리 저
352쪽 | 18,000원

그림으로 배우는
파이썬

다카하시 마나 저
480쪽 | 18,000원

그림으로 배우는
C 프로그래밍
2nd Edition

다카하시 마나 저
504쪽 | 18,000원